1日が27時間になる！
速読ドリル

速読日本一／イントレ講師
角田和将
Kazumasa Tsunoda

徹底理解編

SOGO HOREI PUBLISHING CO., LTD

速読体験者の声

筆者の速読教室では、受講生が次々に速読を習得！　速読ができるようになると、情報処理能力が高まる、時間が生まれる、仕事の効率が上がる、視力がよくなるといったメリットがあります。ここでは、４人の体験者の声を紹介しましょう。

１冊30分は当たり前！　読むスピードが６倍になりました

角田先生の速読を始めて３ヶ月。以前は読書速度が１分６００文字でしたが、今は１分３５００文字。１冊大体20～30分と、約６倍の速さで読めるようになりました。本を読んでいるときは理解まで及ばないと思っているのですが、アウトプットしてみると、想像以上に覚えていて、いつもビックリします！　速読ができるようになったことでくり返し読む時間ができ、理解力は確実にアップしていますね。半信半疑で始めましたが、今は確かな手応えを感じています!!　（30代会社員・男性）

小さな積み重ねが大きな力に！　１時間でらくらく２冊読めます

「速読なんてできない」と最初は思い込んでいましたが、学んでいくうちに「人知を超える結果を期待していること」に気がつきました。１冊読むのに5時間かかっている人がすぐに１日16冊読むのは無理だと思いますが、１冊30分で読めるだけでも、私にとっては大きな進歩でした。今は通勤時間の往復で２冊読むのが日課になりましたし、仕事中の集中力も増したような気がしています。（40代会社員・男性）

速く読めるのはもちろん、一度読んだ内容を忘れなくなりました

今までは難しい本になると、1冊を読み切るどころか、10ページも読めずに終わっていました。しかし角田先生の速読を始めてからは、難しい本でも「とりあえず読んでみよう」と思えるようになり、1冊を読み切ることも苦ではなくなりました。さらに驚いたのは、くり返し本を読めるようになったおかげで、以前よりも本の内容を忘れずに済むようになったことです。速く読んだほうが理解できるという意味がわかり、とても嬉しいです。（40代主婦・女性）

60代でも速読はできる 本を読む楽しさを実感しています

会社を辞めて、セカンドライフとして残りの時間、1冊でも多くの本が読めたら……と思って、速読を始めました。最初は60代の自分でもできるのか不安でしたが、先生の教室では実際に60代の方も受講し、速読を身につけた実績もあるということで、思い切って始めました。老眼もあってそのあたりも気になっていたのですが、影響はあまりなく、その都度計測する読書速度は着実に上がっていきました。成長感も感じられ、速読は何歳からでも始められるものだと思います。（60代無職・女性）

はじめに

「本を読んだそばから、内容を忘れてしまう」

「本を読んでも、覚えられない」

みなさんは、このような悩みをお持ちではないでしょうか？

本を想うように読めていない人によくある悩みの一つだと思います。

そこで本書では、「速く読めて忘れない」スキルを楽しみながら身につけられるよう、工夫して作成しました。


速読というと、たくさん文章を読んだり、難しいトレーニングをする必要があるのでは、と思う方もいらっしゃるかもしれませんが、そんなことはありません。

ポイントは、「高速で見る」「幅広く文字を見る」、この2点です。

この2点さえ徹底的に鍛えれば、速読を身につけることができます。

さらに、これらを伸ばす速読トレーニングを積むと、文章をパッと見て理解する思考回路、イメージ脳が自然と活性化されます。このイメージ脳を使う感覚に慣れ、文章を読むことにうまく応用できると、**読んだ内容も忘れにくくなる**のです。

過去出版した速読ドリルシリーズでは速読の習得を優先してきましたが、本書では速読トレーニングやイメージ脳活性を理解力アップにつなげる点に重きを置き作成しました。

実は私も以前は本を読むのが苦手でした。読むのが遅く、３ページ読んだら眠くなるし、最初に読んだ内容も頭に残らず、１冊を読み切ることができませんでした……。

そんな私があることをきっかけに速読を学び始めたところ、２０１０年に日本速脳速読協会が主催する速読コンテストで日本一に（その経緯にご興味のある方は拙著『１日が27時間になる！　速読ドリル』をご覧ください）。本を読めるようになったことで、働きながらの資格取得も難なくクリアし、人生がガラッと変わりました。

今、活字が苦手な人でも大丈夫です。読むことに抵抗のある人でも、本書を通じてきっと楽しみながら速読のスキルを身につけていただけます。ぜひご家族、ご友人、大切な方と一緒に楽しんでいただければ幸いです。

角田和将

CONTENTS

第3章 認識力を高めるトレーニング

第4章 アウトプット力を高めるトレーニング

装丁　藤塚尚子(e to kumi)／本文デザイン・イラスト(P33～40)　和全(Studio Wazen)
イラスト　村山宇希(ぽるか)／図表・DTP　横内俊彦／校正　池田研一

本書の使い方

第1章 速く読めて忘れない速読の力

第1章では、速読の理論やトレーニングの注意点を説明します。普通の読書と速読の違いや速読ができるようになるとどんなメリットがあるのか、速読トレーニングの原則など、トレーニングに取り組む前に知っておくと役立つ知識を説明します。

第2章 視野を拡大するトレーニング

第3章 認識力を高めるトレーニング

第4章 アウトプット力を高めるトレーニング

第2～4章では、それぞれの章ごとに狙いを分けたトレーニングに取り組みます。それぞれのトレーニングの最初のページに説明と例題を設けました。まずは、それらを読み、トレーニングで鍛える力、問題の解き方を知ったうえでトレーニングに取り組みましょう。

トレーニングの例題です。問題の解き方や、取り組む際のポイントを押さえます。

トレーニングの内容です。どんな力を鍛えるのかがわかります。

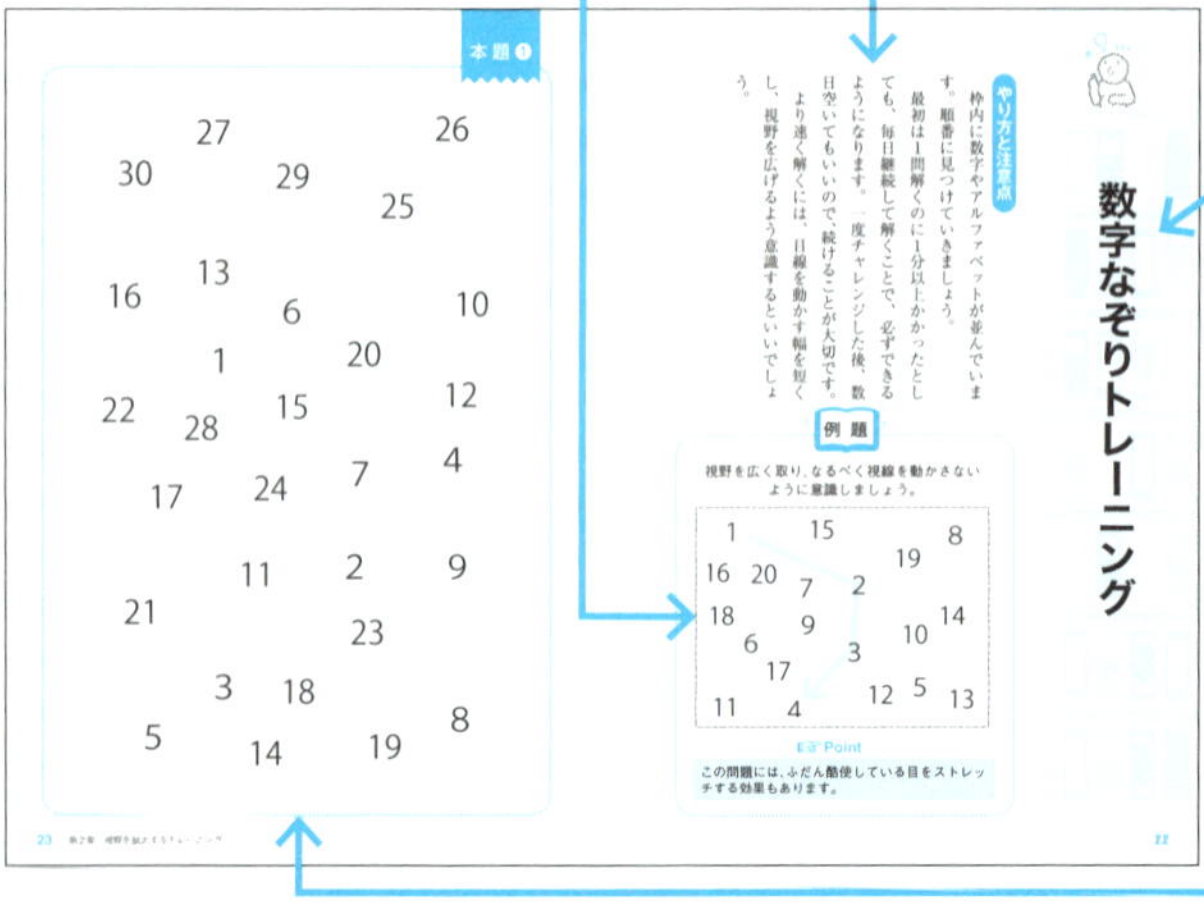

トレーニングの名前です。

トレーニングの問題です。解答が用意されている問題には、ページ下部に該当するページ数が記載されています。

第1章

速く読めて忘れない速読の力

速読トレーニングに入る前に、「速読ができる」とはどのような状態なのか、読んだ内容を思い出しやすくなるポイントは何なのか、速読を上達させるための原理原則を紹介します。

速読ができるようになるには？

〝「見て理解」する〟が速読の基本

「本を読む時間がない」「読んだのに内容が頭に入ってこない」

みなさんはもしかすると、このような悩みをお持ちではないでしょうか。

本を読むのが遅い人にはいくつか特徴があります。その一つに、「文字をなぞりながら読んでいる」ことがあります。音読しているときのように、一文字ずつ目で追いかけながら内容を理解しようとしているのです。

一方速読ができる人は、文章をパッと見ただけで内容のイメージを思い浮かべ、理解することができます。この違いは何でしょうか。

それは、**「見て理解」している**ということ。メニューを見るとき、「ハンバーグ定食」を一文字ずつ追いかけませんよね。速読もそれと同じ。あなたが既にできている**「見て理解」を心がければ、速読は誰でもできるようになる**のです。

本を読むのが遅い人

1文字ずつ文章の意味を考えながら読む

速読ができる人

文章をパッと見て瞬時にイメージを思い浮かべる

「見て理解」する速読の読み方とは？

速読が自然と身につく2つのポイント

私たちはふだん文字を読むとき、①文字を見る（認識する）、②次の文字に目線を移動させるという2つの動作をくり返しています。これらの**目線移動がスムーズになる、または一度に見る文字の量を増やして目線移動までの動線が短くなれば、自然と速読が身につく**のです。まずは一目で理解できる文字数を意識して、7文字または1単語を基準に見ていきましょう。

「沖縄県は日本で最も西に位置する県です」という文章があったら、「沖縄県は」「日本で最も西に」「位置する県です」のように、3つのブロックに分けて見るようにします。慣れてきたら10文字、15文字と、一度に見る文字数を増やしていきます。**一度に見る文字数が増えるほど、言葉や文章を具体的なイメージに変換しやすくなり、速読が上達します。**

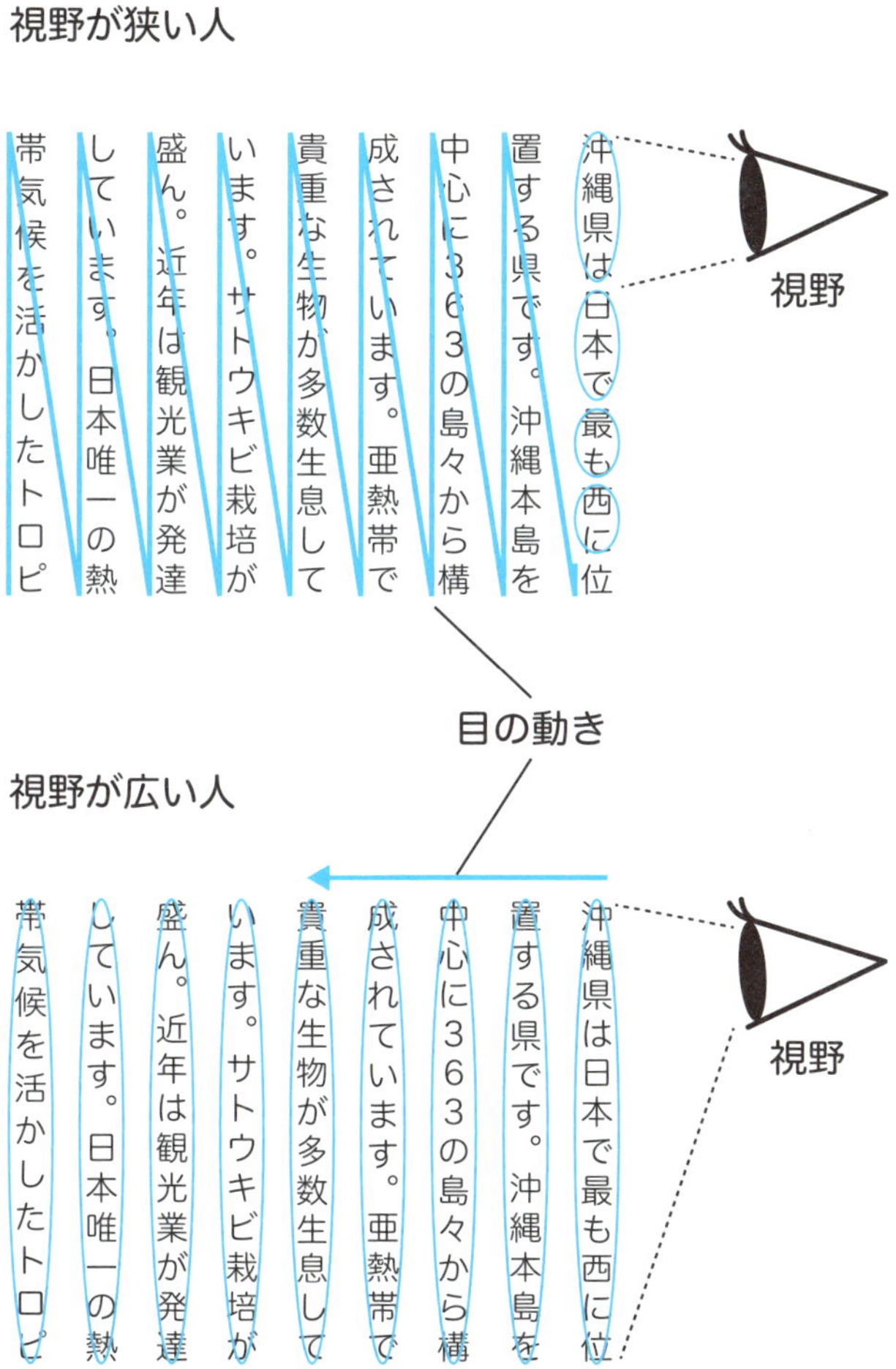
視野が狭い人
視野
沖縄県は日本で最も西に位
置する県です。沖縄本島を
中心に363の島々から構
成されています。亜熱帯で
貴重な生物が多数生息して
います。サトウキビ栽培が
盛ん。近年は観光業が発達
しています。日本唯一の熱
帯気候を活かしたトロピ
目の動き
視野が広い人
視野
沖縄県は日本で最も西に位
置する県です。沖縄本島を
中心に363の島々から構
成されています。亜熱帯で
貴重な生物が多数生息して
います。サトウキビ栽培が
盛ん。近年は観光業が発達
しています。日本唯一の熱
帯気候を活かしたトロピ

一度に見る文字量が増えると速読が身につく

読んだ内容をラクに思い出せる速読トレーニング

時間をかけずに思い出せるようになる最強のコツ

では、覚えた内容を「思い出せるようにする」にはどうすればいいのでしょうか。それは、**「思い出す」反復練習をすること**です。

人は時間がたてばたつほど、覚えた内容を忘れていきます。特に今は日々インターネットなどを通じてたくさんの情報が入ってくるため、一度覚えたことを記憶し続けるのは至難のわざです。

そこで日頃から「思い出す」トレーニングをしておくと、時間をかけずに思い出せるようになっていきます。

復習を効率良くくり返すために、速読は必須です。速読で反復回数を増やすことで、**「速読トレーニング＝思い出す力を鍛える」ことにつなげていくの**です。

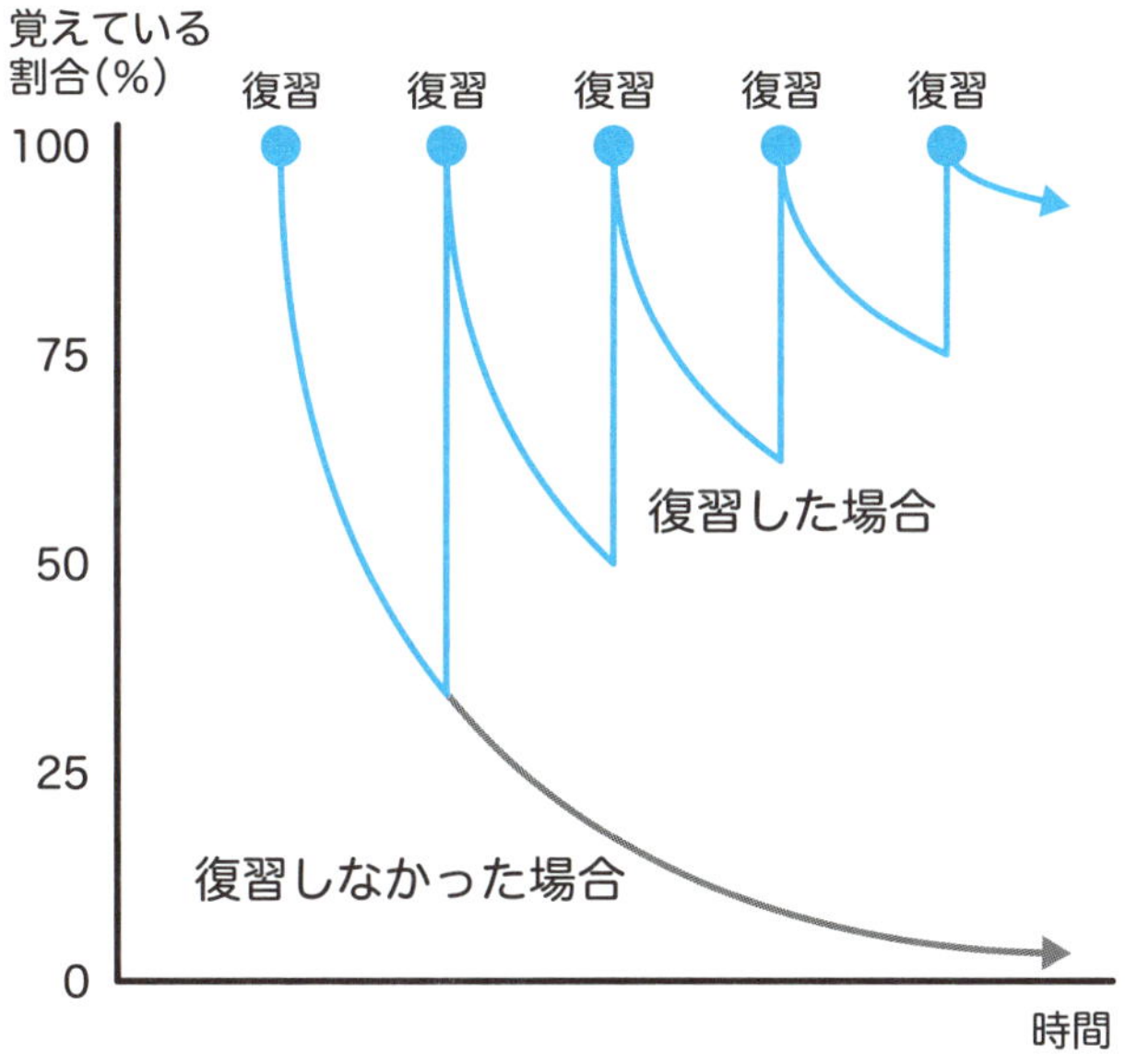

速く思い出せるようになれば、再度思い出さなければならない復習量が軽減される

「見て理解」が身につくと、忘れずに覚えられる

「イメージ脳」を使うのがポイント

拙著『頭の回転が3倍速くなる！　速読トレーニング』（総合法令出版）にも書いたのですが、言葉や文章を「見て理解」できる人は、脳内で文字をイメージに変え、そのイメージをつなぎ合わせて内容を理解しています。

「百聞は一見に如《し》かず」と言いますが、**同じ内容を覚えるときは文章で覚えるよりもイメージで覚えるほうが忘れにくい**もの。数ページにわたって解説されている文章と、1ページにまとめられた図解だと、後者のほうが覚えやすいですよね。「見て理解」している人はイメージ処理する脳を日頃から使っているため、文章から読み取った内容を図解化する力が高くなり、覚えやすいかたちで頭に入ってきます。つまり、**速読トレーニングでイメージ脳を使うことによって、忘れずに覚える力を伸ばすことができる**のです。

速読トレーニングで養う「体系化されたイメージ」とは……

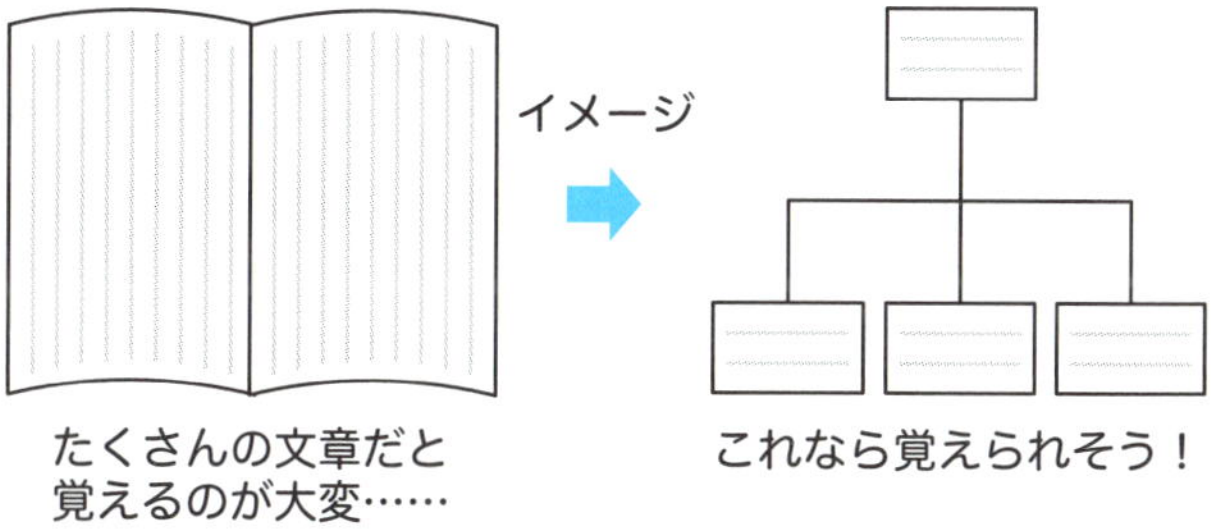
イメージ
たくさんの文章だと
覚えるのが大変……
これなら覚えられそう！

「見て理解」できる人の文章理解イメージ

例）時に残月、光冷ややかに、白露は地に滋く、樹間を渡る冷風は既に暁の近くを告げていた。

中島敦『山月記』より

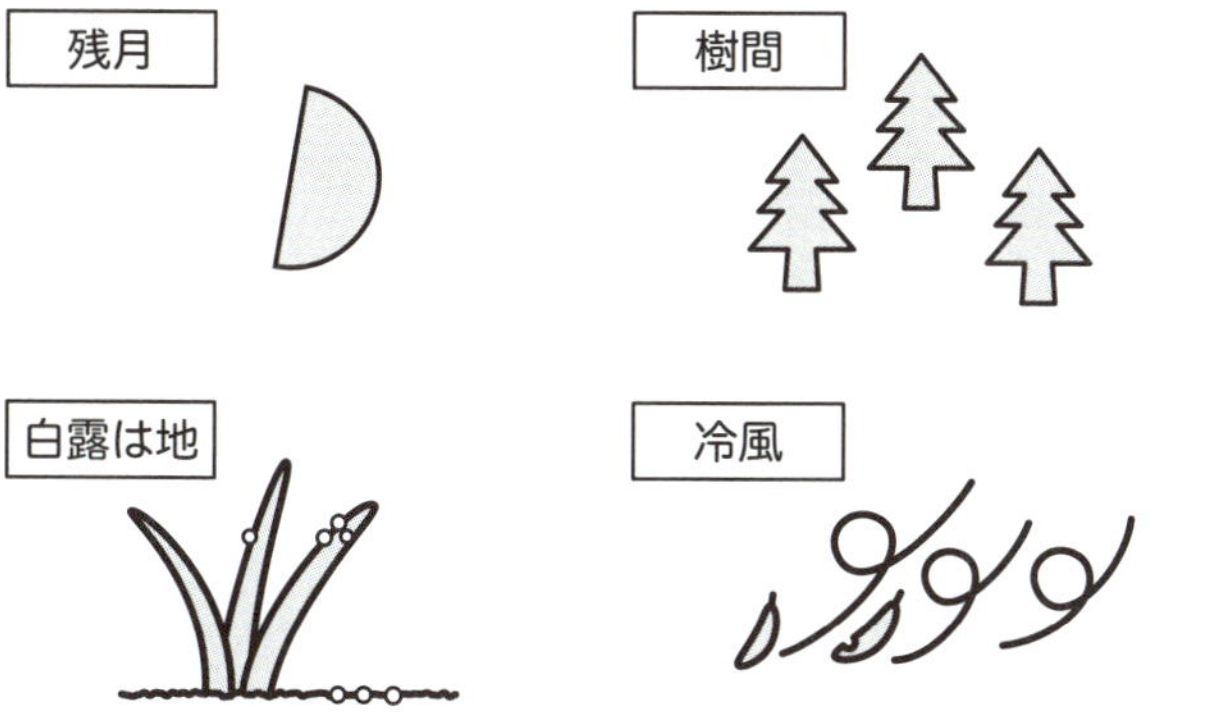
残月
樹間
白露は地
冷風

イメージ脳を鍛えて理解の幅を広げる

「関連づけて覚える」とますます思い出しやすくなる

物事を思い出しやすくなるコツとして、「**関連づけて覚える**」方法があります。たとえば友人から「どこか食事ができる、いいお店を知らない？」と聞かれてすぐに思いつかなかったとしても、「新宿でお肉の美味しいお店を知らない？」と聞かれるとどうでしょう。思い出すお店があると思います。「新宿」「お肉」というキーワードを通じてそのお店のことをインプットしているわけです。

人はキーワードを通じて物事を思い出しやすくなる傾向があります。速読でも文章を読みながらキーワードを拾うといいでしょう。**特定の言葉から思い浮かんだイメージをつなぎつつ、広げていくのです**。するとお店のことはもちろん、立地や雰囲気など、様々な情報も思い出せるようになります。このように関連づけて覚えることで、**速読トレーニングは記憶力にも活かせる**のです。

新宿、お肉、
美味しい、お店
文字を読みながら
キーワードを拾うと……
様々な情報を思い出しやすくなる！

速読力を鍛えるうえで知っておきたい心がまえ

イメージを作りやすいブロックごとに見よう

いよいよ次章から速読力を鍛えるトレーニングが始まります。速読力を伸ばしつつ、理解力も身につくよう、様々なジャンルの問題をご用意しました。ときには「思ったほどできない」などと落ち込むことがあるかもしれませんが、焦る必要はありません。**「文字はできるだけイメージを作りやすいブロックごとに見る」ように心がけながら読み進めていきましょう**。

問題を解いたら終わりにせず、解いた問題の内容を翌日に思い出したり、関連するキーワードを他にも考えながら反復練習を意識して取り組んでください。

第2章

視野を拡大するトレーニング

この章では、速読に欠かせない視野を広く確保するトレーニングを行います。
パッと見て認識できる文字数が増えれば、本や文章を読む速度は速くなります。
まずは楽しみながらトレーニングを始めましょう。

数字なぞりトレーニング

やり方と注意点

枠内に数字やアルファベットが並んでいます。順番に見つけていきましょう。

最初は1問解くのに1分以上かかったとしても、毎日継続して解くことで、必ずできるようになります。一度チャレンジした後、数日空いてもいいので、続けることが大切です。

より速く解くには、目線を動かす幅を短くし、視野を広げるよう意識するといいでしょう。

例題

視野を広く取り、なるべく視線を動かさないように意識しましょう。

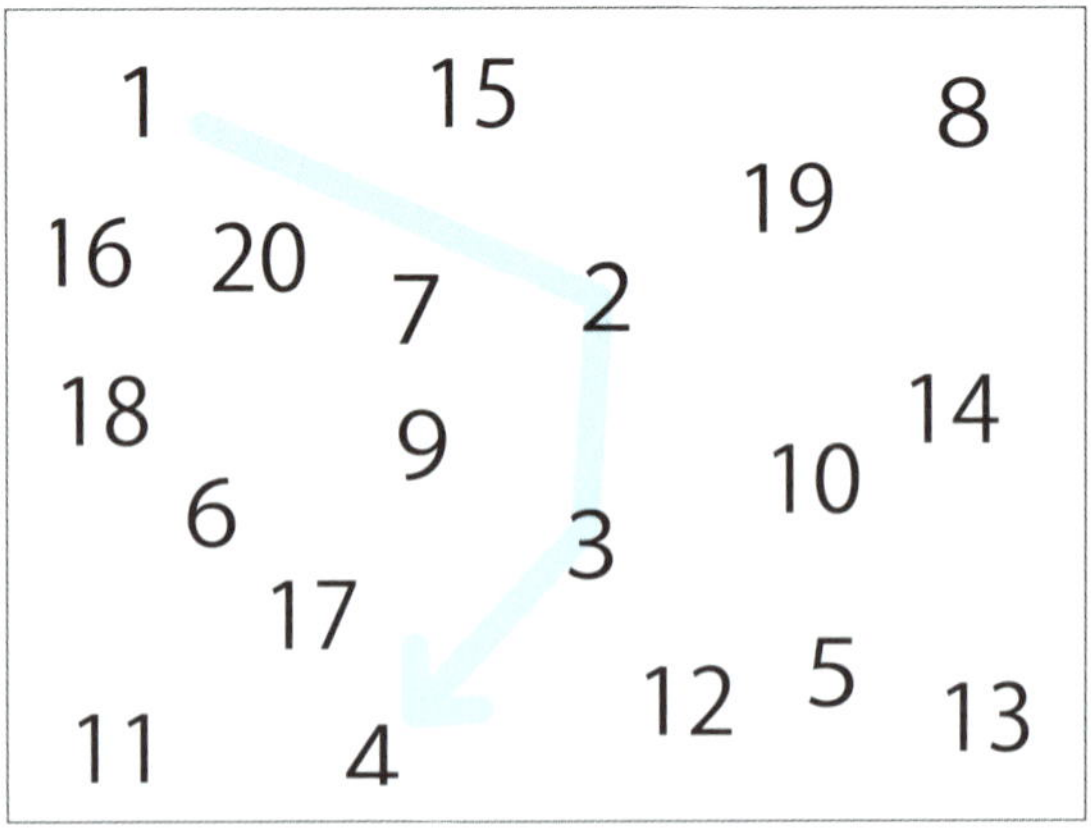

Point

この問題には、ふだん酷使している目をストレッチする効果もあります。

本題❶

27 26

30 29

25

13

16 10

6

1 20

12

22 15

28

4

7

24

17

11 2 9

21

23

3 18

8

5

14 19

13

19 6 10

8

21 17

30 12 24

2 15 23

3 28

26 20

4

7 11

9

14

29

16 27

1

5 25

22 18

本題❸

E B

Z M

R

N U Y P

S K

J

V

A H I

L

O

Q F

T G X

W

C D

背表紙探しトレーニング

やり方と注意点

本棚に並んだ本の中から、背表紙を見て該当する1冊を探し出す問題です。

本のタイトルを1冊ずつ見ていくのではなく、できるだけ目線を動かさず、全体を見て探すことを意識します。

書店や図書館の本棚でも同様のトレーニングができます。視野や目線に注意すれば、いつもより早く見つけることができるはずです。

※本のタイトルは一部を除き改変しています。

例題

視野を広く取り、全体を見て指定されたタイトルを見つけるよう意識しましょう。

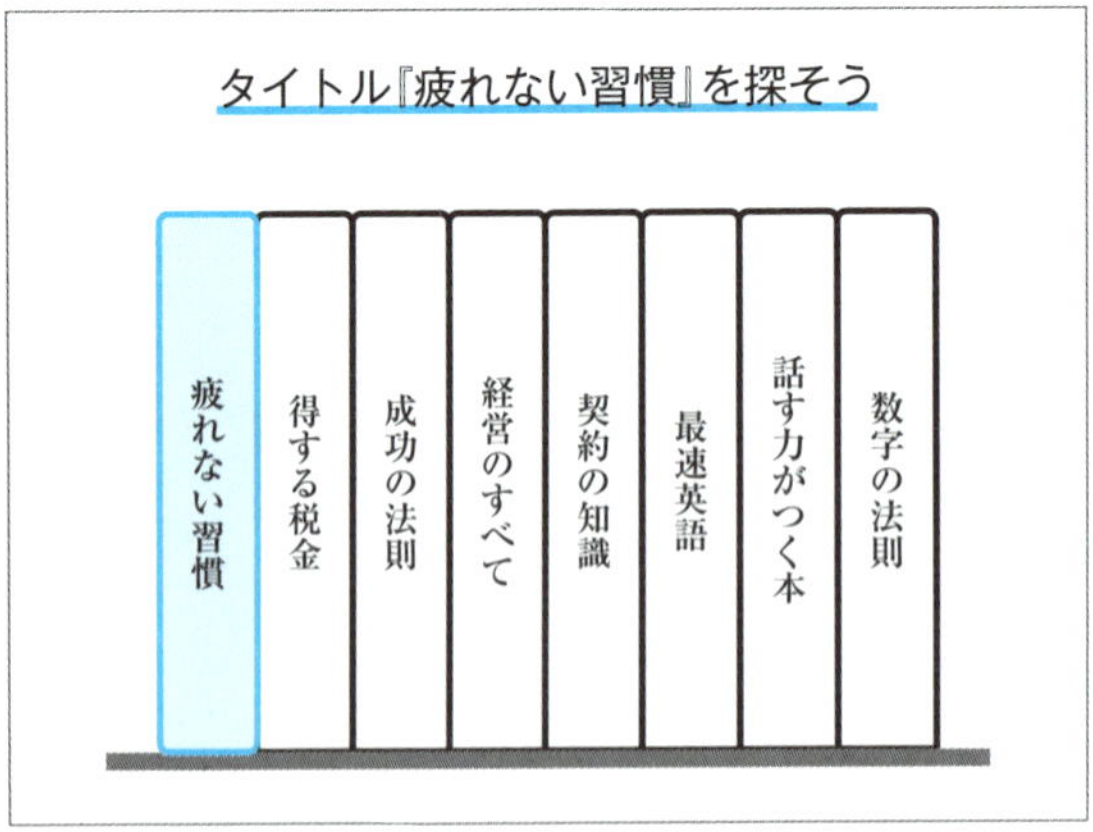

Point

速読に必要な「幅広く」見る感覚を鍛えることができます。

タイトル『二十四の瞳』を探そう

学問をすすめ
蟹工場
朝と霧
今野物語
月山記
深夜鈍行
三十四郎
夢枕
歩けメロス
怪人二百面相
風の声を聴け
銀座鉄道の夜

墜落論
女子生徒
知人の愛
注意の多い料理店
車輪の上
風の又二郎
それからも
太雪
富嶽十景
みだれた髪
伊豆の子
原氏物語

坊主ちゃん
雪組
檸檬汁
蜘蛛の巣
二十四の瞳
破壊
オシベルと象
人間四角
銀のスプーン
吾輩である
腎臓先生
マグラ・ドグラ

※解答は 32 ページ

タイトル『海底二万里』を探そう

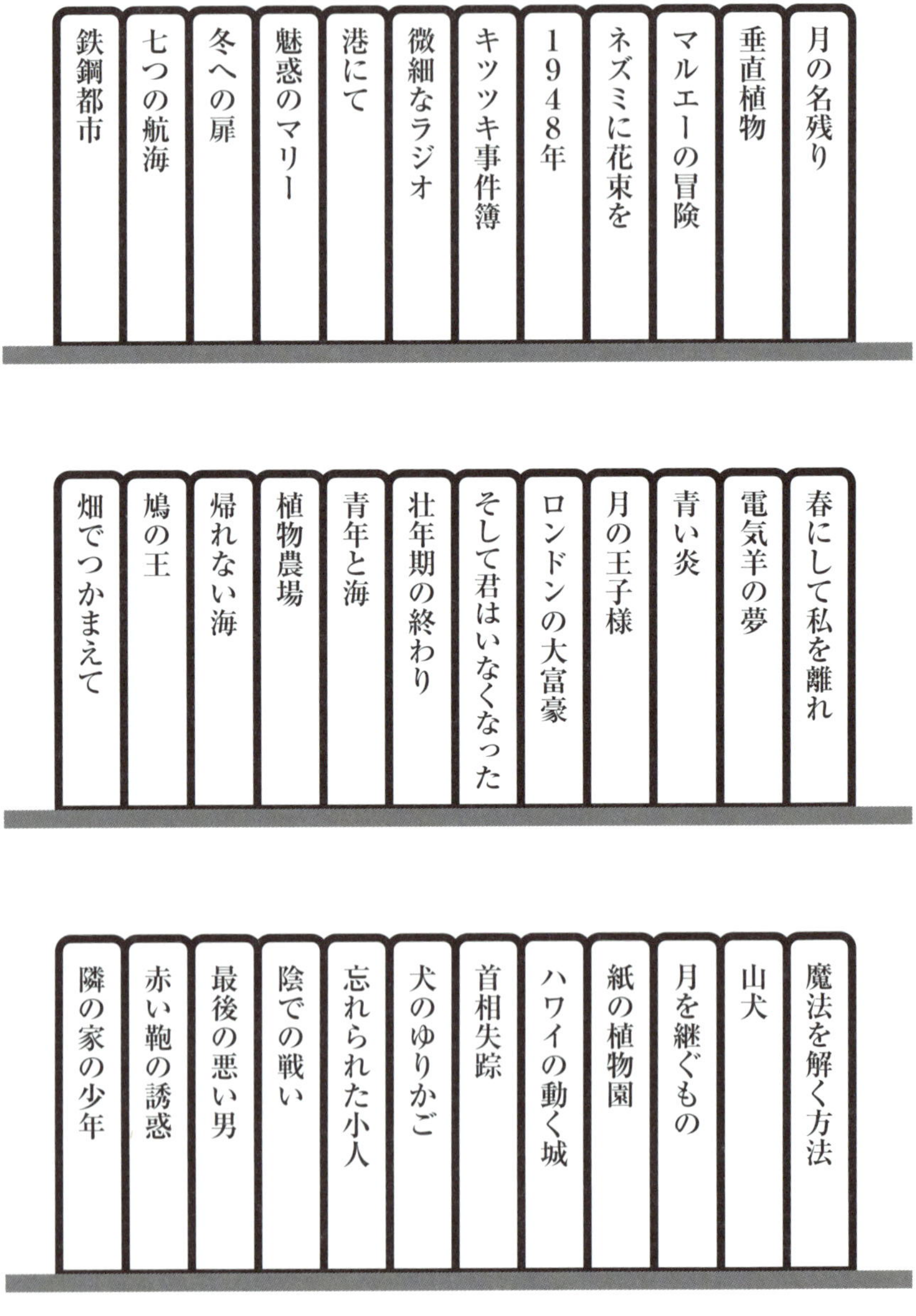

※解答は32ページ

海底二万里
裸のディナー
最後の恋
大変身
街一番の美男子
第五の嘘
八百日間世界一周
魔の海
城壁
不思議の国々
審判人
存在の重さ

緑色の家
歩く教室
兵器よさらば
日と六ペンス
父の前で
怒りの檸檬
電車のザジ
蚊の王
地下室の手紙
ひとりの証拠
光の奥
ある鳥の可能性

罰と罪
脂肪のかけら
砂の男女
時代の恋
悲しみよさようなら
朝間飛行
黄色の朝
月々の泡
東遊記
火の色
十年の孤独
泥棒ナイフを数える

タイトル『心理術事典』を探そう

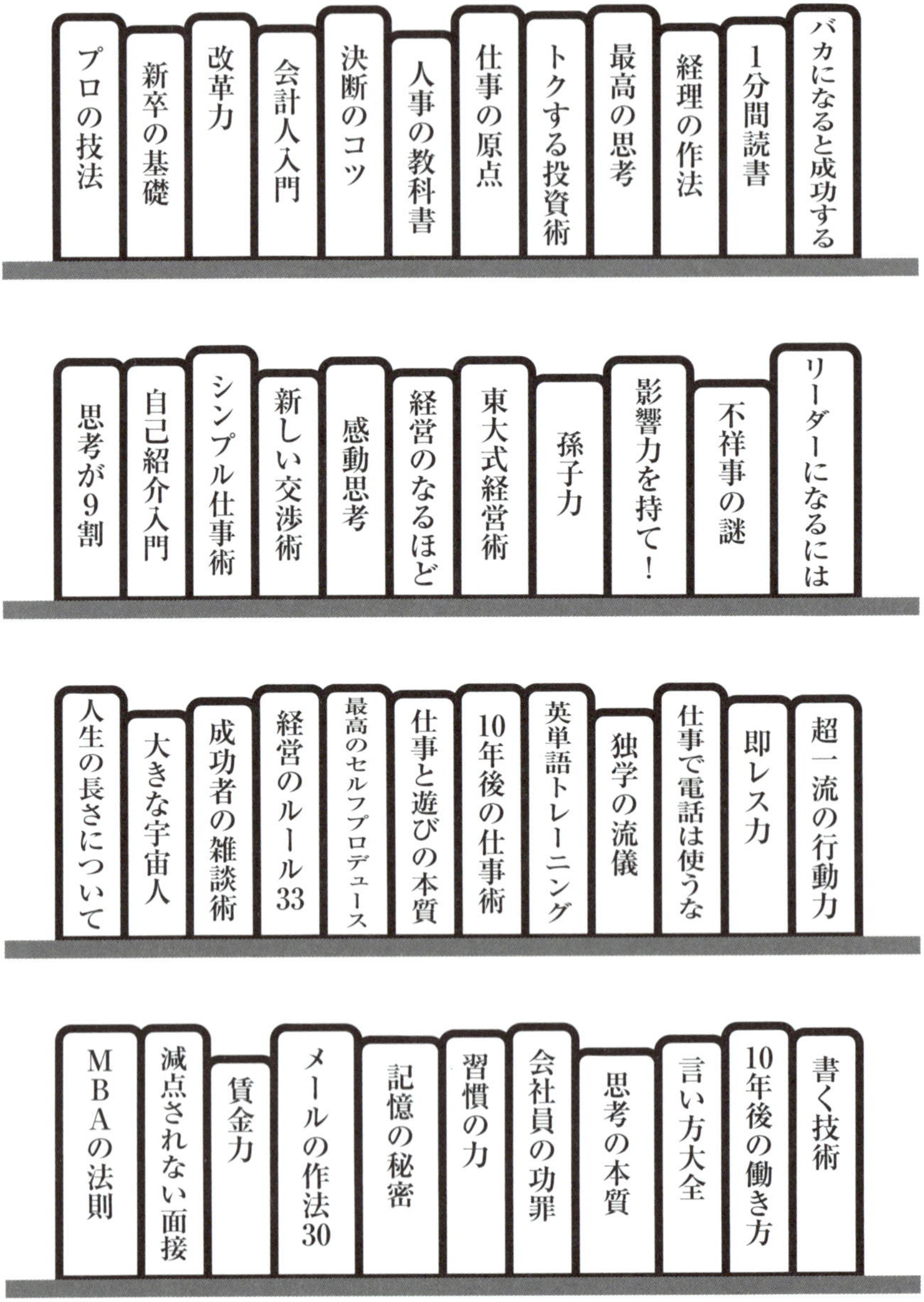

※解答は32ページ

お金のアイデア
不動産投資原論
究極の習慣
起業力
仮想通貨のリアル
1%の働き方
思考の引き出し
気くばり組織論
歴史で学ぶ日本語
非常識仕事術
伝わる説明
最高の戦略
戦略の習慣
0から学ぶ営業
書き方事典
実践投資術
共感思考
広報の心得
経済学がわかる本
心理術事典
問題解決百科
金融の科学
グロースハック革命
30代はお金を使え
経営者の名言250
コンサルティングの影響
奇跡のマーケティング
超投資術
人生を変える眠り方
儲かる会社の会議
思考のイノベーション
成功者の聞く技術
好かれる話し方
武士道マネジメント
仕事の探し方
流の時間術
働き方の法則
相手を知る技術
意志の鍛え方
無敵の資料作成
リーダーの名言
最強の脳入門
株の理論
上司の問題
99の話し方ルール

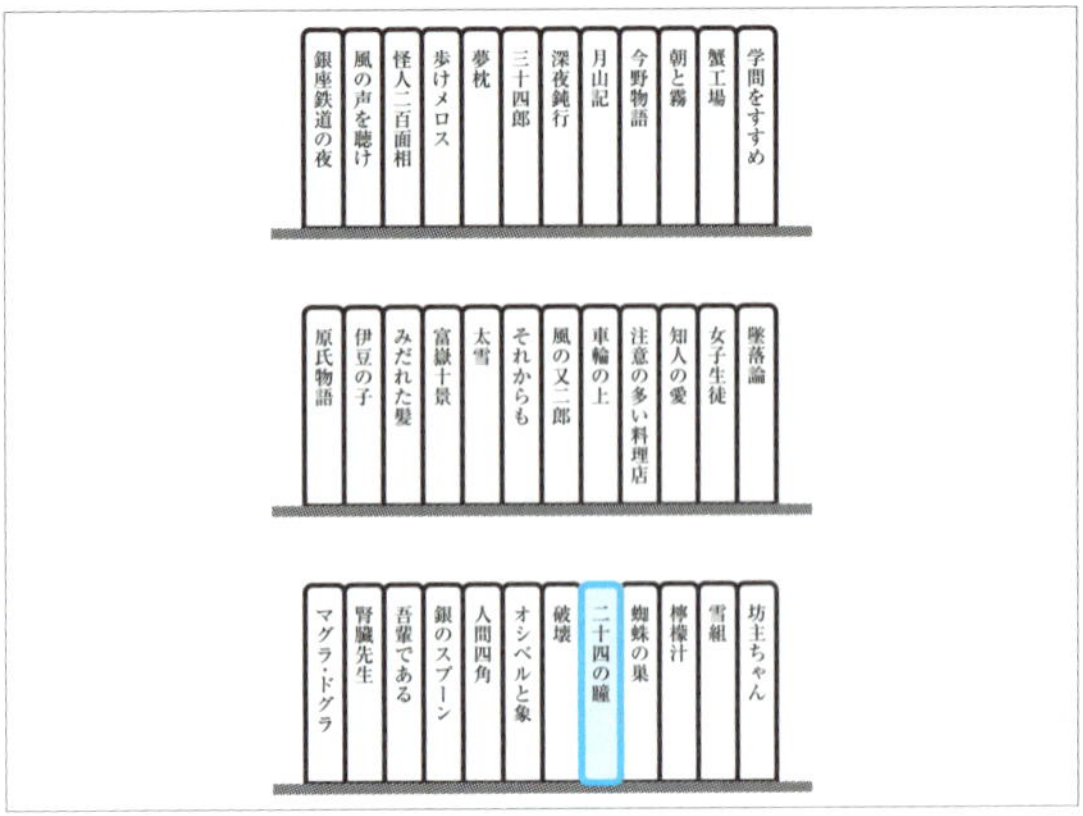
学問をすすめ
蟹工場
朝と霧
今野物語
月山記
深夜鈍行
三十四郎
夢枕
歩けメロス
怪人二百面相
風の声を聴け
銀座鉄道の夜
墜落論
女子生徒
知人の愛
注意の多い料理店
車輪の上
風の又二郎
それからも
太雪
富嶽十景
みだれた髪
伊豆の子
原氏物語
坊主ちゃん
雪組
檸檬汁
蜘蛛の巣
二十四の瞳
破壊
オシベルと象
人間四角
銀のスプーン
吾輩である
腎臓先生
マグラ・ドグラ

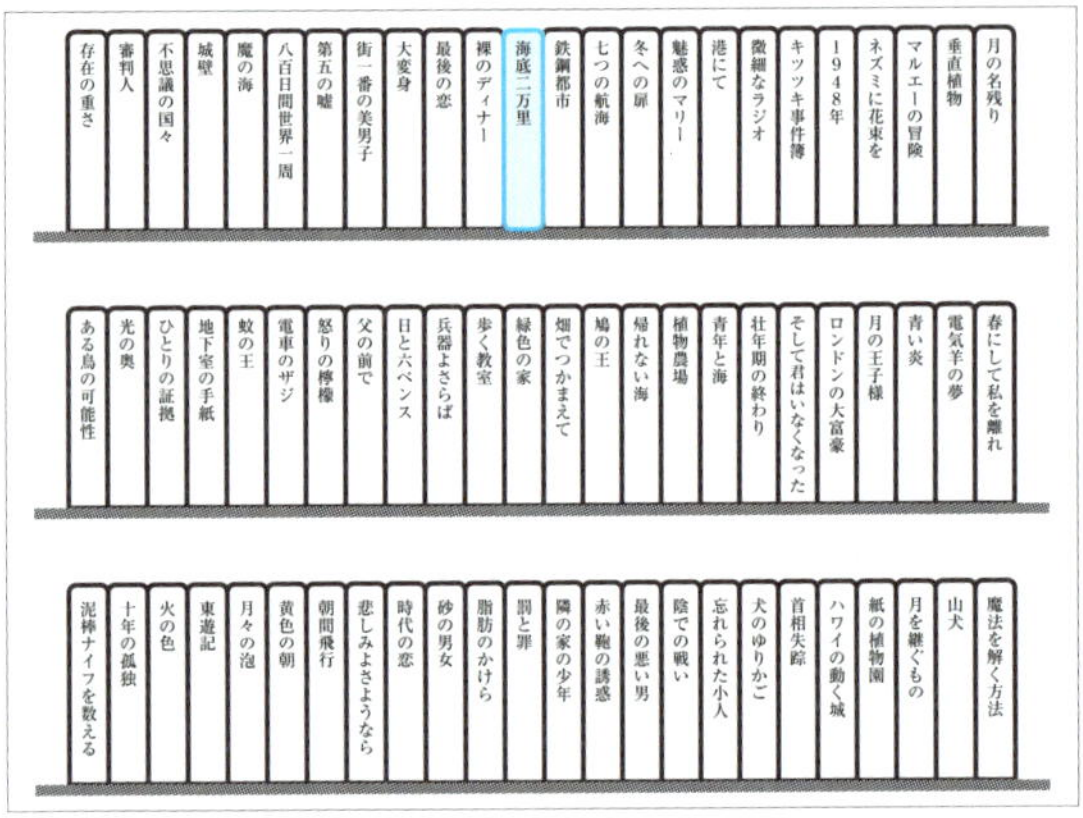
月の名残り
垂直植物
マルエーの冒険
ネズミに花束を
1948年
キッツキ事件簿
微細なラジオ
港にて
魅惑のマリー
冬への扉
七つの航海
鉄鋼都市
海底二万里
裸のディナー
最後の恋
大変身
街一番の美男子
第五の嘘
八百日間世界一周
魔の海
城壁
不思議の国々
審判人
存在の重さ
春にして私を離れ
電気羊の夢
青い炎
月の王子様
ロンドンの大富豪
そして君はいなくなった
壮年期の終わり
青年と海
植物農場
帰れない海
鳩の王
畑でつかまえて
緑色の家
歩く教室
兵器よさらば
日と六ペンス
父の前で
怒りの檸檬
電車のザジ
蚊の王
地下室の手紙
ひとりの証拠
光の奥
ある鳥の可能性
魔法を解く方法
山犬
月を継ぐもの
紙の植物園
ハワイの動く城
首相失踪
犬のゆりかご
忘れられた小人
陰での戦い
最後の悪い男
赤い鞄の誘惑
隣の家の少年
罰と罪
脂肪のかけら
砂の男女
時代の恋
悲しみよさようなら
朝間飛行
黄色の朝
月々の泡
東遊記
火の色
十年の孤独
泥棒ナイフを数える

バカになると成功する
1分間読書
経理の作法
最高の思考
トクする投資術
仕事の原点
人事の教科書
決断のコツ
会計人入門
改革力
新卒の基礎
プロの技法
お金のアイデア
不動産投資原論
究極の習慣
起業力
仮想通貨のリアル
1%の働き方
思考の引き出し
気くばり組織論
歴史で学ぶ日本語
非常識仕事術
伝わる説明
最高の戦略
リーダーになるには
不祥事の謎
影響力を持て!
孫子力
東大式経営術
経営のなるほど
感動思考
新しい交渉術
シンプル仕事術
自己紹介入門
思考が9割
戦略の習慣
0から学ぶ営業
書き方事典
実践投資術
共感思考
広報の心得
経済学がわかる本
心理術事典
問題解決百科
金融の科学
グロースハック革命
超一流の行動力
即レス力
仕事で電話は使うな
独学の流儀
英単語トレーニング
10年後の仕事術
仕事と遊びの本質
最高のセルフプロデュース
経営のルール33
成功者の雑談術
大きな宇宙人
人生の長さについて
30代はお金を使え
経営者の名言250
コンサルティングの影響
奇跡のマーケティング
超投資術
人生を変える眠り方
儲かる会社の会議
思考のイノベーション
成功者の聞く技術
好かれる話し方
武士道マネジメント
書く技術
10年後の働き方
言い方大全
思考の本質
会社員の功罪
習慣の力
記憶の秘密
メールの作法30
賃金力
減点されない面接
MBAの法則
仕事の探し方
流の時間術
働き方の法則
相手を知る技術
意志の鍛え方
無敵の資料作成
リーダーの名言
最強の脳入門
株の理論
上司の問題
99の話し方ルール

間違い探しトレーニング（イメージ編）

やり方と注意点

２枚のイラストの間違いを探す問題です。間違いはそれぞれ７つあります。先ほどの背表紙探しトレーニングと同じように、目線を動かさずに幅広く見ることを意識してください。

イラストをこまめに見比べないようにするだけでも、速読に欠かせない、幅広く見る力が身につきます。

またイラストを通してトレーニングすることで、楽しみながら見て理解する感覚を身につけることができます。

例題

Point

全体をぼんやり眺めて、違いのありそうな場所の「アタリ」をつけてから探してみましょう。

（間違いは７つあります）

本題①

※解答は40ページ

※解答は40ページ

（間違いは７つあります）

※解答は40ページ

②

①

③

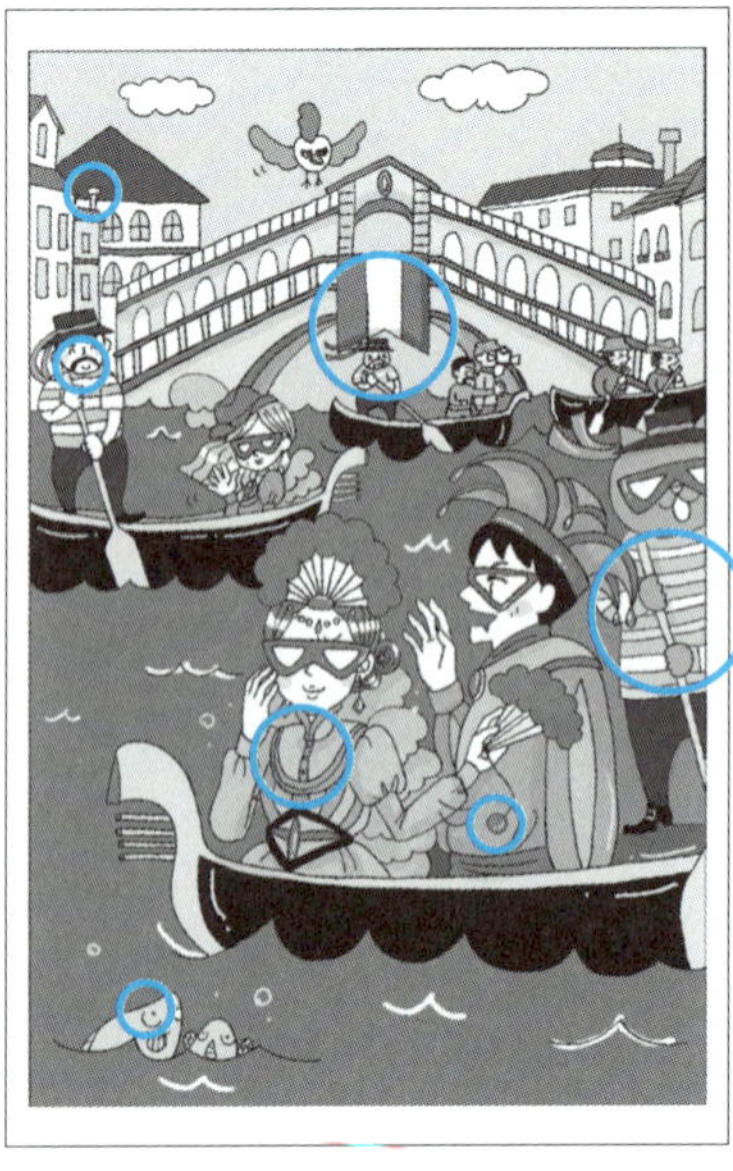

間違い探しトレーニング（文字編）

やり方と注意点

同じ漢字の中から1つだけ違う漢字を見つけましょう。ここまでの問題と同じように、目線はできるだけ動かさず、1秒でも早く見つけるよう意識しながら取り組みます。

この問題を解くスピードが速くなればなるほど、視野が広がります。視野が広がると、目の前の情報の中から瞬時に異質な情報を見つけられるようになります。また、新聞や本、メール、試験問題などの大量の文章の中から短時間で必要な情報が見つかりやすくなります。

例題

視線は問題の周囲から、円を描くようにして動かすようにしましょう。

大	大	大	大	大	大	大	大	大	大
大	大	大	大	大	大	大	大	大	大
大	大	大	大	大	大	大	大	大	大
大	大	大	大	大	大	大	大	大	大
大	大	大	大	大	大	大	大	大	大
大	大	犬	大	大	大	大	大	大	大
大	大	大	大	大	大	大	大	大	大
大	大	大	大	大	大	大	大	大	大
大	大	大	大	大	大	大	大	大	大
大	大	大	大	大	大	大	大	大	大

Point

視線の移動が少なければ少ないほど、間違いを見つけるスピードが速くなります。

否 否 否 否 否 否

否 否 否 否 否 否

否 否 否 否 否 否

否 否 否 否 否 否

否 否 否 否 否 否

否 否 否 否 否 否

否 否 否 否 否 否

否 否 否 否 否 否

否 否 否 否 否 否

※解答は46ページ

否　否　否　否　否　否

否　否　否　否　否　否

否　否　否　否　否　否

否　否　否　否　否　否

否　否　否　否　否　否

否　否　否　否　否　否

否　否　杏　否　否　否

否　否　否　否　否　否

否　否　否　否　否　否

本題❷

候　候　候　候　候　候

候　候　候　候　候　候

候　候　候　侯　候　候

候　候　候　候　候　候

候　候　候　候　候　候

候　候　候　候　候　候

候　候　候　候　候　候

候　候　候　候　候　候

候　候　候　候　候　候

※解答は46ページ

候　候　候　候　候　候

候　候　候　候　候　候

候　候　候　候　候　候

候　候　候　候　候　候

候　候　候　候　候　候

候　候　候　候　候　候

候　候　候　候　候　候

候　候　候　候　候　候

候　候　候　候　候　候

1

否	否	否	否	否	否	否	否	否	否	否	否
否	否	否	否	否	否	否	否	否	否	否	否
否	否	否	否	否	否	否	否	否	否	否	否
否	否	否	否	否	否	否	否	否	否	否	否
否	否	否	否	否	否	否	否	否	否	否	否
否	否	否	否	否	否	否	否	否	否	否	否
否	否	杏	否	否	否	否	否	否	否	否	否
否	否	否	否	否	否	否	否	否	否	否	否
否	否	否	否	否	否	否	否	否	否	否	否

2

候	候	候	候	候	候	候	候	候	候	候	候
候	候	候	候	候	候	候	候	候	候	候	候
候	候	候	候	候	候	候	候	候	侯	候	候
候	候	候	候	候	候	候	候	候	候	候	候
候	候	候	候	候	候	候	候	候	候	候	候
候	候	候	候	候	候	候	候	候	候	候	候
候	候	候	候	候	候	候	候	候	候	候	候
候	候	候	候	候	候	候	候	候	候	候	候
候	候	候	候	候	候	候	候	候	候	候	候

第3章

認識力を高めるトレーニング

この章では、瞬間的に認識する力を高めるトレーニングを行います。トレーニングを通じてイラストや文字に対する認識力が高まれば、「読んで理解」から速読の「見て理解」する力が高まります。始めは難しくても、何度か繰り返し取り組むことで慣れてくるでしょう。

再現トレーニング（イメージ編）

やり方と注意点

問題を見た後、対応する解答欄に図柄を再現しましょう。解答欄のページ番号は、問題の下のほうに書いてあります。

この問題では、瞬間的に見たものを認識する力を鍛えることができます。

イラストを見る時間は、最初は3秒から始め、慣れてきたら短くしていきましょう。問題をすべて解き終わったら、ふだん見ている景色を題材に描いてみます。その日の出来事や見た景色を鮮明に思い出すよう意識すると、イメージ脳を鍛えられます。

例題

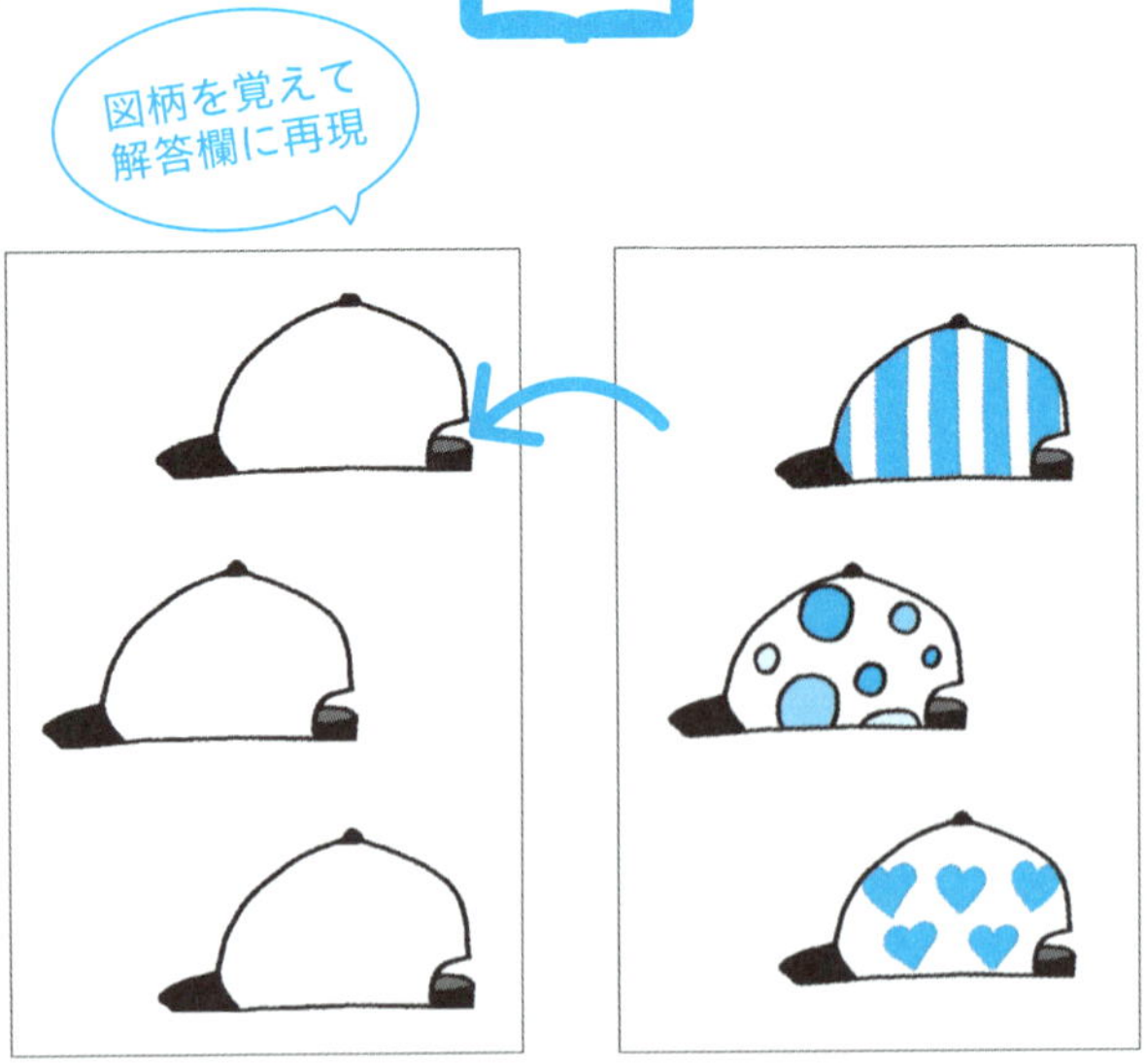

Point

イラストを見る時間を短くしていくことで、高速で認識する力が高まっていくのを実感できます。

本題①

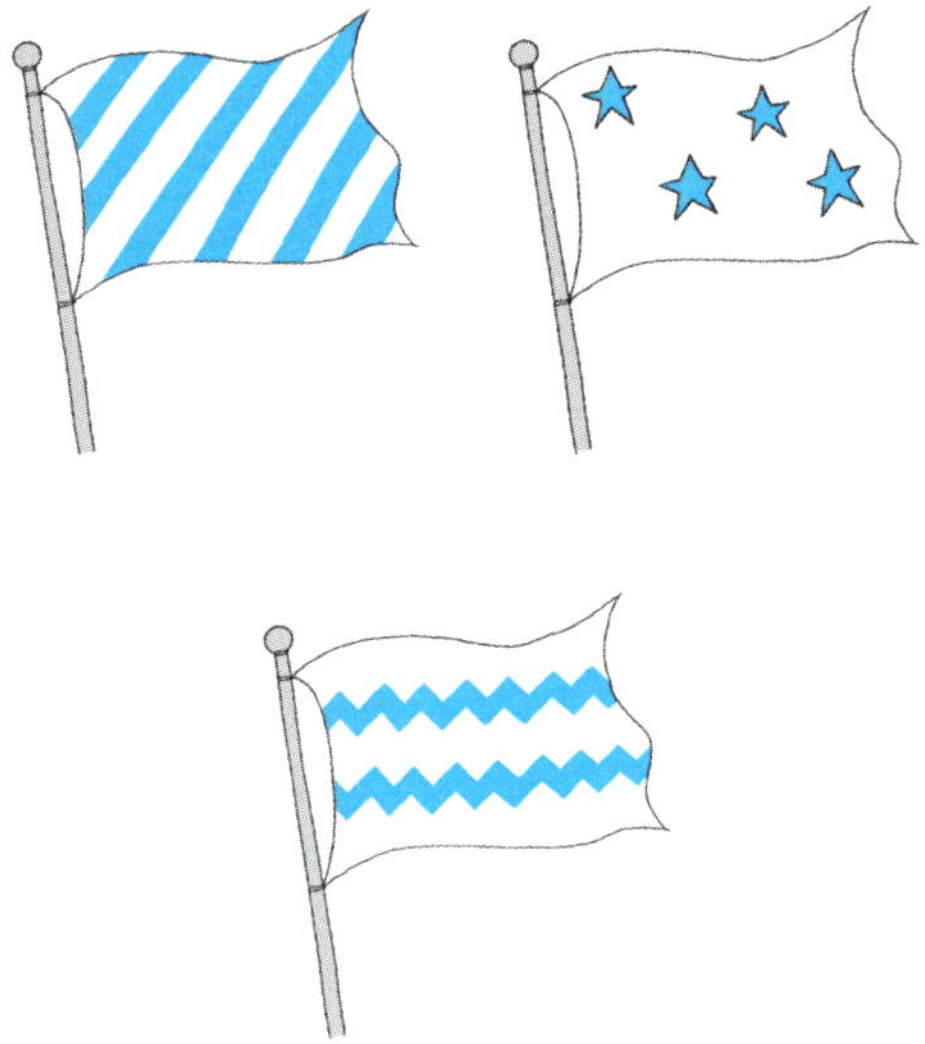

本題②

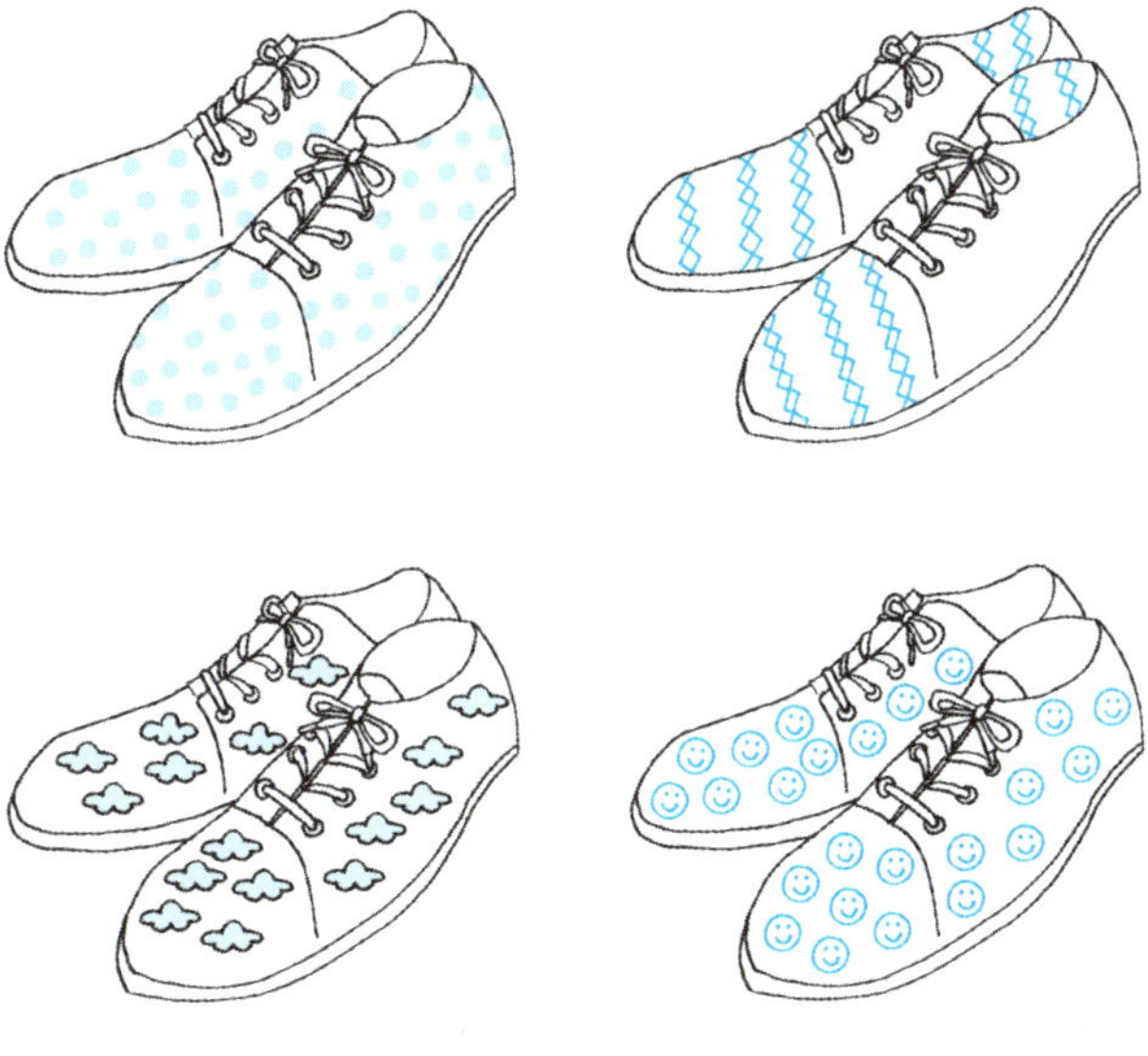

※解答欄は51ページ

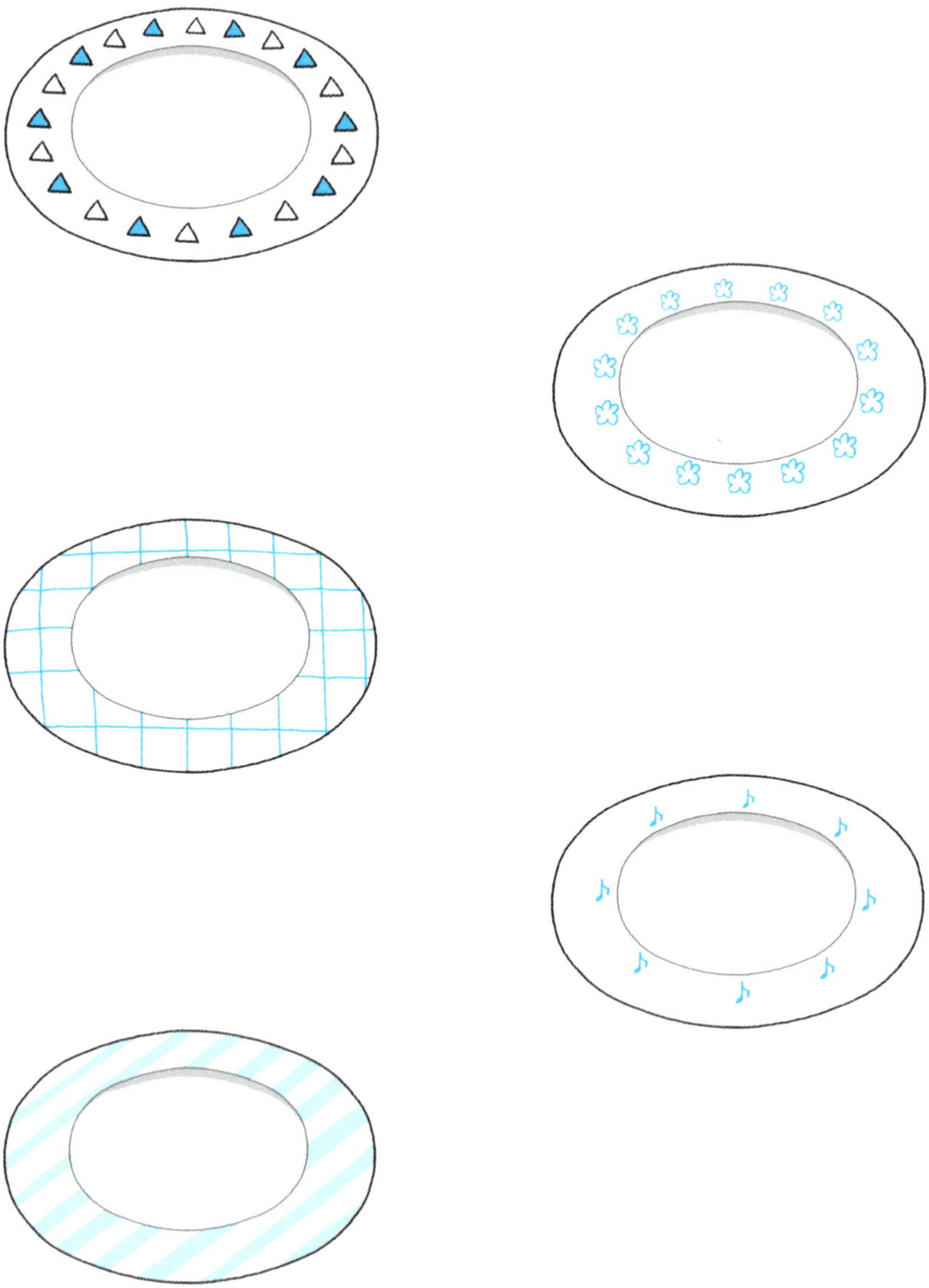

※解答欄は52ページ

解答欄❶

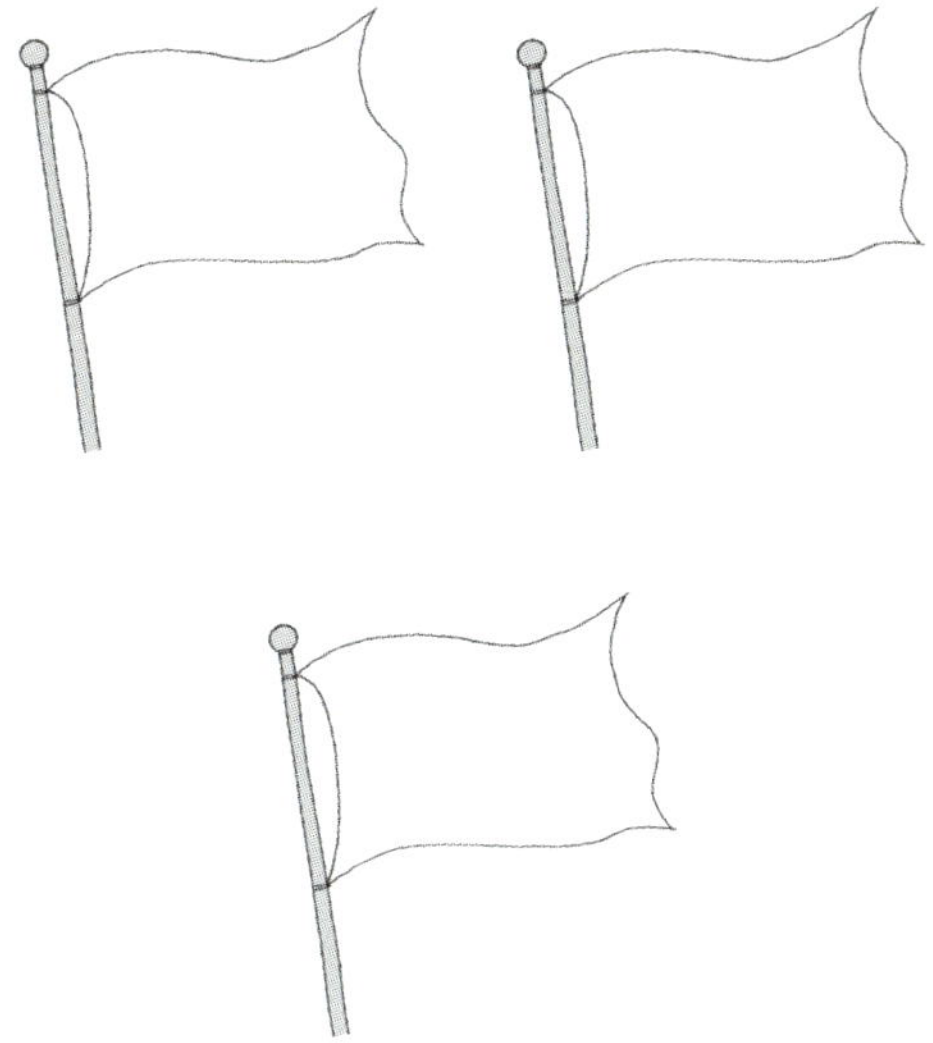

解答欄❷

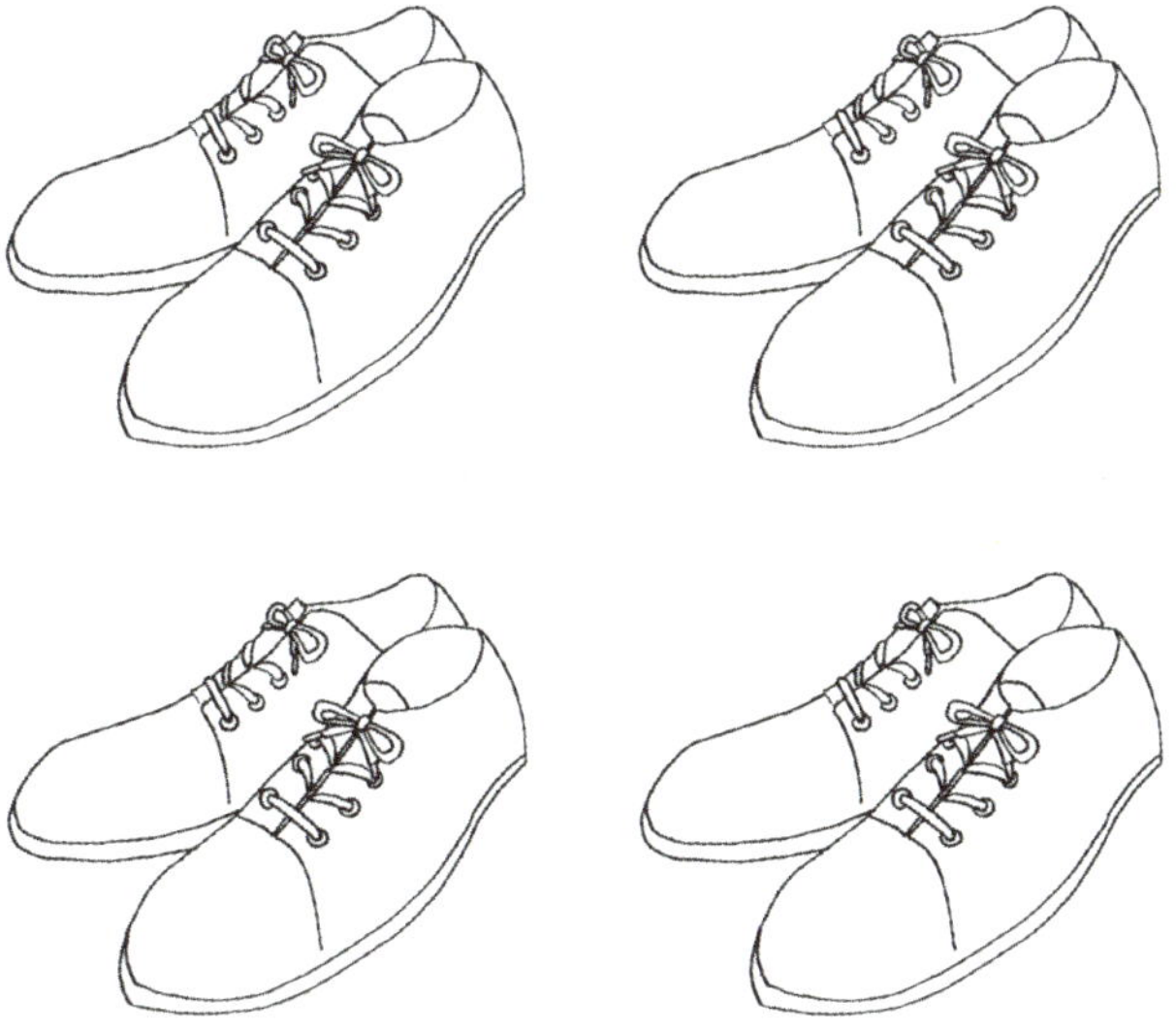

解答欄❸

再現トレーニング（文字編）

やり方と注意点

問題を見て、対応する解答欄に文字を再現しましょう。解答欄の該当ページは、問題の下のほうに書いてあります。

これも前問同様、瞬間的に認識する力を鍛える問題です。最初は見る時間を3秒から始め、徐々に短くしていきましょう。

慣れてくると、読書速度を速くしても文章をイメージに変えられるようになります。ネットニュースを高速でスクロールして、書かれている言葉を思い出してみるのもいいトレーニングになります。

例題

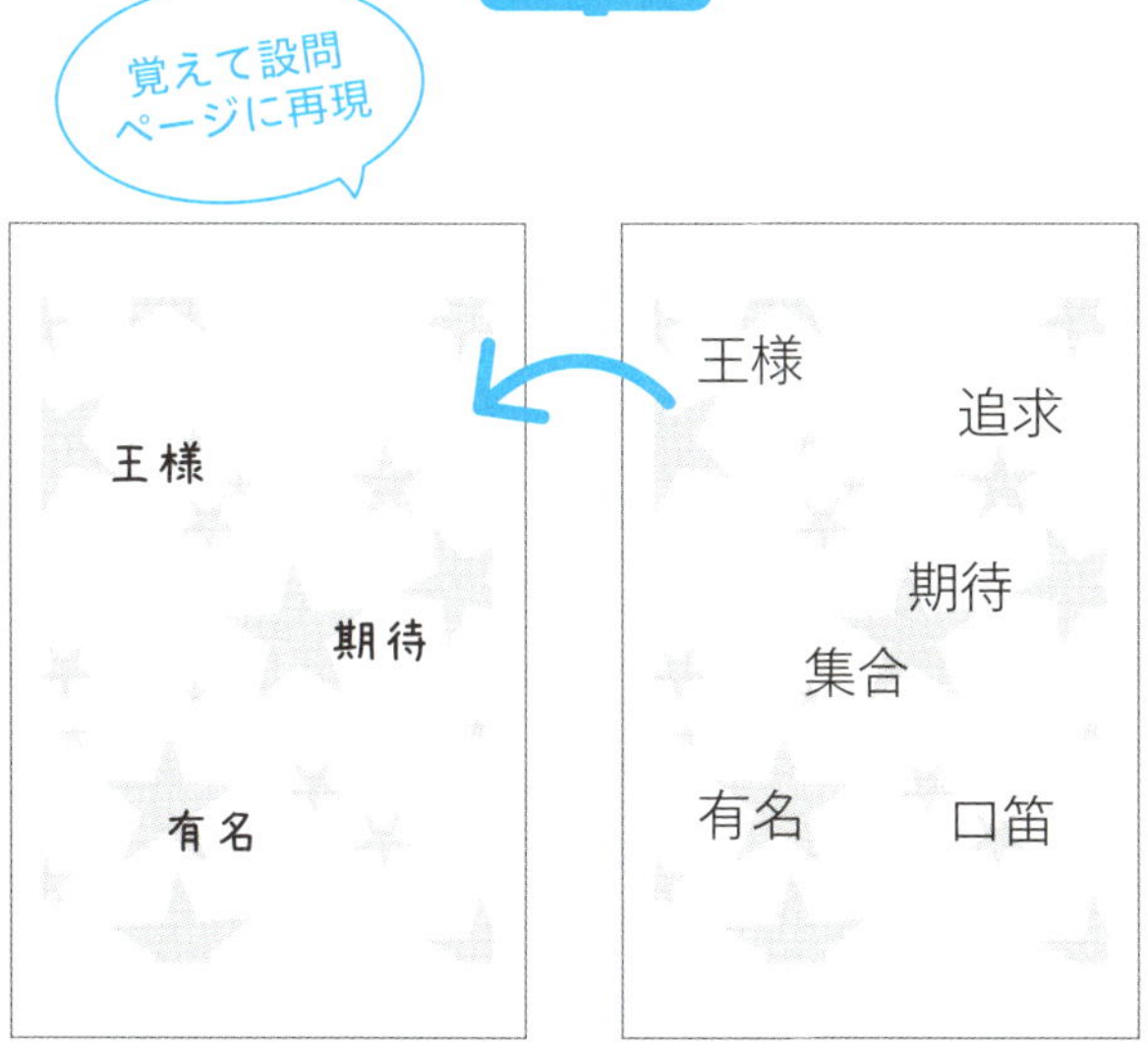

Point

パッと見た言葉からイメージを作り、そのイメージから言葉を思い出してみましょう。

本題❶

空気

街燈

通り

水

店

本題❷

西洋人

夕食

水車

宿

少女

別荘

※解答欄は56ページ

本題③

F

O

Mg

C

He

Al

Na

Ne

Li

Si

P

H

Be

N

B

※解答欄は57ページ

解答欄❶

解答欄❷

文字並べ替えトレーニング

やり方と注意点

問題に書かれた文字を入れ替えて、単語を作る問題です。1問1問解答時間が少しずつ短くなるように意識しながら取り組みましょう。

問題にある文字を単語に組み替えることで、瞬間的に認識する力が高まります。

ふだん、頭の中に眠っている情報をなかなか思い出せないことがあると思います。この問題では、そんなときに役立つ知識をアウトプットする力も向上させることができます。

例題

元の単語を再現

しのいし → □□□□	しのいし → イノシシ
あぱかる → □□□□	あぱかる → アルパカ
そわうか → □□□□	そわうか → カワウソ
うょだち → □□□□	うょだち → ダチョウ
とかない → □□□□	とかない → トナカイ
みんこじ → □□□□	みんこじ → ミジンコ
いんおら → □□□□	いんおら → ライオン

Point

頭の中にある情報をアウトプットする力が鍛えられます。

ヒント：文房具の名前

本題①

ろんそば → □□□□

うょじぎ → □□□□

こすんぱ → □□□□

んんびせ → □□□□

くんよれ → □□□□

うがょび → □□□□

ょーちく → □□□□

ぴつんえ → □□□□

るーぺんぼ → □□□□□

ひつんまんね → □□□□□□

※解答は62ページ

ヒント：鳥の名前

すぐいう → □□□□

うっかこ → □□□□

ちょうだ → □□□□

つききつ → □□□□

ぶさやは → □□□□

くふろう → □□□□

のりこうと → □□□□□

りどあうほ → □□□□□

んみふごら → □□□□□

ちめんしうょち → □□□□□□□

※解答は62ページ

ヒント：虫の名前

本題③

しかめむ → □□□□

おろこぎ → □□□□

みばつち → □□□□

ぶらぜあみ → □□□□□

ごんだしむ → □□□□□

しかむぶと → □□□□□

うちょあげは → □□□□□□

んとてうしむ → □□□□□□

たっまとばのさ → □□□□□□□

んょうしもろち → □□□□□□□

※解答は62ページ

1

ろんそば	→ ソロバン
うょじぎ	→ ジョウギ
こすんぱ	→ コンパス
んんびせ	→ ビンセン
くんよれ	→ クレヨン
うがょび	→ ガビョウ
ょーちく	→ チョーク
ぴつんえ	→ エンピツ
るーぺんぼ	→ ボールペン
ひつんまんね	→ マンネンヒツ

2

すぐいう	→ ウグイス
うっかこ	→ カッコウ
ちょうだ	→ ダチョウ
つききつ	→ キツツキ
ぶさやは	→ ハヤブサ
くふろう	→ フクロウ
のりこうと	→ コウノトリ
りどあうほ	→ アホウドリ
んみふごら	→ フラミンゴ
ちめんしうょち	→ シチメンチョウ

3

しかめむ	→ カメムシ
おろこぎ	→ コオロギ
みばつち	→ ミツバチ
ぶらぜあみ	→ アブラゼミ
ごんだしむ	→ ダンゴムシ
しかむぶと	→ カブトムシ
うちょあげは	→ アゲハチョウ
んとてうしむ	→ テントウムシ
たっまとばのさ	→ トノサマバッタ
んょうしもろち	→ モンシロチョウ

※解答はカタカナで表記していますが、
ひらがなや漢字でも構いません

語彙イメージ化トレーニング

やり方と注意点

4つ並んでいるイラストの中から、文章と合っているものを選びましょう。

問題の文章には、ふだんあまり目にすることのない難しい単語をあえて入れています。

最初は難しいと感じるかもしれませんが、前後の文脈から内容を補完し、イメージする力を養うことができます。

例題

難しい単語の前後の文脈から内容をイメージして、正しいイラストを選びましょう。

3年前からの庶幾（しょき）が実現した。

正解は❶「庶幾」→あることを心から願うこと

Point

文章からイメージする力のほか、認識しきれなかった言葉を高速で推測する力を鍛えていきます。

その仕事を終えた彼はリゾート地で、太平楽(たいへいらく)をきめこんでいる。

1

2

3

4

※解答は68ページ

本題❷

幼い頃からクラシック音楽に通暁（つうぎょう）している。

❶

❷

❸

❹

※解答は68ページ

瑞兆（ずいちょう）があらわれたから気分がいい。

❶

❷

❸

❹

※解答は68ページ

その研究者は毎晩、
月の虧盈（きえい）を観察していた。

①

②

③

④

※解答は68ページ

❶

イラスト❷

「太平楽(たいへいらく)」
→のんきにかまえていること

❷

イラスト❸

「通暁(つうぎょう)」
→詳しく知りぬいているさま

❸

イラスト❷

「瑞兆(ずいちょう)」
→めでたい事が起こるきざし

❹

イラスト❶

「虧盈(きえい)」
→満ちたり欠けたりすること

イラスト文章化トレーニング

やり方と注意点

問題にあるイラストを見た後、解答欄に見た内容を文章で書いてみましょう。

解答欄には、答えてほしい内容を書いてあります。それに従って文章を書いてください。解答欄の該当ページは、問題の下のほうに書いてあります。

速読では文章を見て、イメージで理解していますが、この問題では逆の過程をたどっています。イメージを言語化することで、文章を見て、イメージする力を鍛えることができます。

例題

覚えて解答欄に解答

●誰が
男性が
●どこで
部屋で
●なにを
ゲームをしている

Point

5W1Hをイメージしながら、イラスト全体を見ていくようにしましょう。

本題❶

本題❷

※設問は72ページ

本題③

※設問は73ページ

設問❶

●誰が

●どこで

●何を

●どうした

設問❷

●誰が

●どこで

●何を

●どうした

※解答例は74ページ

設問❸

●誰が

●どこで

●いつ

●何をどうした

●なぜ

※解答例は74ページ

Answer 解答例

1

●誰が

ある兄妹が

●どこで

川で

●何を

ザリガニ釣りをして

●どうした

兄が妹にザリガニを渡してあげた

2

●誰が

ある親子が

●どこで

キャンプ場で

●何を

たぬきが食べ物を漁《あさ》っているところを見かけた

●どうした

物音がしたのでテントの外を見た

3

●誰が

２人の男性が

●どこで

カフェで

●いつ

夜に

●何をどうした

テーブルを拭いている

●なぜ

ジュースをこぼしたから

※イラストの内容と合っていれば、他の文章でも構いません

反転文章解読トレーニング

やり方と注意点

上下反転した文章を読んで、設問に答える問題です。

文字が反転しているため、一文字ずつなぞり読むのは難しいです。そのため、パッと見て内容をイメージするように意識すると、見て理解する感覚を磨くことができます。

自分の専門領域の本を逆さまに持って、章単位や小見出し単位で取り組んでみてもいいでしょう。

例題

文章を読んで設問に答える

二人の小さな中学生が、お茶の水橋の欄干にもたれて、じっと水を見ていました。

●誰が
二人の小さな中学生が
●どこで
お茶の水橋で
●どうした
じっと水を見ていた

Point

5W1Hをイメージしながら、その要素がどこにあるか探すように見ていきましょう。

本題①

初茸、松茸、椎茸、木くらげ、白茸、鴈がん茸、ぬめり茸、霜降り茸、獅子茸、鼠茸、皮剥ぎ茸、米松露、麦松露なぞいうきのこ連中がある夜集まって、談話会を始めました。一番初めに、初茸が立ち上って挨拶をしました。

「皆さん。この頃はだんだん寒くなりましたので、そろそろ私共は土の中へ引き込まねばならぬようになりました。今夜はお別れの宴会ですから、皆さんは何でも思う存分に演説をして下さい。私が書いて新聞に出しますから」

きのこ会議『夢野久作全集7』夢野久作（三一書房）

本題②

二人の若い紳士が、すっかりイギリスの兵隊のかたちをして、ぴかぴかする鉄砲をかついで、白熊のような犬を二疋つれて、だいぶ山奥の、木の葉のかさかさしたとこを、こんなことを云いながら、あるいておりました。

「ぜんたい、ここらの山は怪しからんね。鳥も獣も一疋も居やがらん。なんでも構わないから、早くタンタアーンと、やって見たいもんだなあ。」

『注文の多い料理店』宮沢賢治（新潮社）

※設問は78ページ

本題❸

ポチの鳴き声でぼくは目がさめた。

ねむたくてたまらなかったから、うるさいなとその鳴き声をおこっているまもなく、真赤な火が目に映ったので、おどろいて両方の目をしっかり開いて見たら、戸だなの中じゅうが火になっているので、二度おどろいて飛び起きた。そうしたらぼくのそばに寝ているはずのおばあさまが何か黒い布のようなもので、夢中になって戸だなの火をたたいていた。なんだか知れないけれどもぼくはおばあさまの様子がこっけいにも見え、おそろしくも見えて、思わずその方に駆けよった。そうしたらおばあさまはだまったままでうるさそうにぼくをはらいのけておいてその布のようなものをめったやたらにふり回した。それがぼくの手にさわったらぐしょぐしょにぬれているのが知れた。

「おばあさま、どうしたの?」

と聞いてみた。おばあさまは戸だなの中の火の方ばかり見て答えようともしない。ぼくは火事じゃないかと思った。

火事とポチ『一房の葡萄』有島武郎(角川書店)

※設問は79ページ

設問❶

- 誰が
- いつ
- 何をした
- なぜ

設問❷

- 誰が
- どこで
- どのように
- どうした

※解答例は80ページ

設問③

- 誰が

- どこで

- いつ

- どうした

- 何を思った

- なぜ

※解答例は80ページ

❶

●誰が
初茸、松茸、椎茸などのきのこ連中が
●いつ
ある夜
●何をした
お別れの談話会(宴会)を始めた
●なぜ
寒くなってきて土に引き込まなければならないから

❷

●誰が
二人の若い紳士が
●どこで
山奥の木の葉のかさかさしたところで
●どのように
白熊のような犬を２匹連れて
●どうした
話しながら歩いていた

❸

●誰が
ぼくが
●どこで
家で
●いつ
寝ていたときに
●どうした
ポチの鳴き声で起きて
●何を思った
火事じゃないかと思った
●なぜ
火が目に映って、おばあさまが夢中になって戸だなの火をたたいていたから

※文章の内容と合っていれば、他の文章でも構いません

第4章

アウトプット力を高めるトレーニング

この章では、アウトプットする力を高めます。いくら知識を身につけていてもアウトプットする機会がなければ忘れてしまいます。アウトプットする力を高めることが速読の力を鍛えることにつながります。

言葉思い出しトレーニング

やり方と注意点

持っている知識を限られた時間内にアウトプットする力を鍛えるトレーニングです。問題の答えを1分間でできるだけ思い出し、書き出せるか、チャレンジしましょう。

人はいくら知識を身につけていても、アウトプットする機会がなければ忘れてしまいます。持っている知識を表現する力は速読に限らず、重要な力です。このアウトプットの力を向上させることが、結果として速読の力を鍛えることにつながります。

例題

問題の答えを1分間で解答欄に書き出してみましょう。

例題「さ」で始まる言葉

さくら、さようなら、さっぱり、さとう

Point

とにかく思いつく限りの言葉を素早く書き出してみましょう。

Q1 オリンピックが開催された都市

いくつ思い出せますか？
下記に、書き出してみましょう。

※１分間にいくつ書き出せたか、記録しておきましょう。

１回目…　　個
２回目…　　個
３回目…　　個

※解答例は86ページ

Q2 チームで戦うスポーツ

いくつ思い出せますか？
下記に、書き出してみましょう。

※１分間にいくつ書き出せたか、記録しておきましょう。

１回目…　個
２回目…　個
３回目…　個

※解答例は86ページ

Q3 米を使った料理

いくつ思い出せますか？
下記に、書き出してみましょう。

※１分間にいくつ書き出せたか、記録しておきましょう。

1回目…　個
2回目…　個
3回目…　個

※解答例は86ページ

❶

東京、ピョンチャン、リオデジャネイロ、ソチ、ロンドン、バンクーバー、北京、トリノ、アテネ、ソルトレークシティ、シドニー、長野、アトランタ、リレハンメル、バルセロナ、アルベールビル、ソウル　など

❷

野球、サッカー、バスケットボール、バレーボール、ラグビー、ボブスレー、クリケット、駅伝、カーリング、アイスホッケー、ハンドボール、ラクロス、ドッジボール、アメリカンフットボール　など

❸

チャーハン、リゾット、オムライス、パエリア、ナシゴレン、お茶漬け、ドリア、カレーライス、ハヤシライス、おにぎり、ピラフ　など

虫食い文章補完トレーニング

やり方と注意点

文章の一部が空欄（虫食い）になっています。文章を読んで、空欄に当てはまる最適な言葉を設問ページから選ぶ問題です。

速読では、一文字ずつ文字をなぞり読まずに、イメージ脳を活用しながら読むことが重要です。この問題でも、虫食い部分の前後の文章から全体をイメージし、虫食い部分に該当する単語を考えます。

なお、解答例の言葉と違う言葉でも、意味が合っていれば正解です。

例題

文章を読んで設問に答える

ペーチャの親たちは、自分の畑のほかに、村の金持の百姓レスコフの（　　）でも働いた、つまり小作をやっていたんだ。

A. 畑
B. 会社
C. 学校
D. 教会

Point

文章から全体的な情景をイメージすることが重要です。

本題 ❶

わたしは毎日、夕方になると、鉄砲を持ってうちの庭をぶらついて、鴉《からす》の番人をするのが習慣だった。——この油断のない、貪欲で悪賢《わるがしこ》い鳥に対して、わたしはずっと前から（　　　）をいだいていたのである。

『はつ恋』イワン・ツルゲーネフ（新潮社）

設問 ❶

A. 関心

B. 憎悪

C. 悲しみ

D. 疑問

※解答は92ページ

本題❷

　ペン先がインキにこう言いました。

「お前位イヤなものはない。私がいくら金の衣服を着ていても、お前はすぐに錆《さび》さして役に立たなくしてしまう。私はお前みたいなもの大嫌いさ」

　インキはこう答えました。

「ペンは（　　　）のが役目じゃない。インキはなくなるのがつとめじゃない。一緒になって字を書くのが役目さ。錆るのがイヤなら鉄に生まれて来ない方がいいじゃないか。インキがイヤなら何だってペンに生まれて来たんだえ」


ペンとインキ『夢野久作全集7』夢野久作（三一書房）

設問❷

A. 書く

B. 錆る

C. 嘆く

D. 役立たなくなる

※解答は92ページ

本題③

コーヒーが興奮剤であるとは知ってはいたがほんとうにその意味を体験したことはただ一度ある。病気のために一年以上全くコーヒーを口にしないでいて、そうしてある秋の日の午後久しぶりで銀座へ行ってそのただ一杯を味わった。そうしてぶらぶら歩いて日比谷へんまで来るとなんだかそのへんの様子が平時とはちがうような気がした。公園の木立ちも行きかう電車もすべての常住的なものがひどく（①　　　　　）なもののように思われ、歩いている人間がみんな頼もしく見え、要するにこの世の中全体がすべて祝福と希望に満ち輝いているように思われた。気がついてみると両方の手のひらに（②　　　　　）のようなものがいっぱいににじんでいた。なるほどこれは恐ろしい毒薬であると感心もし、また人間というものが実にわずかな薬物によって勝手に支配されるあわれな存在であるとも思ったことである。

コーヒー哲学序説『寺田寅彦随筆集　第四巻』小宮豊隆編、（岩波書店）

※設問は91ページ

①

A. 奇妙

B. 高速で回るよう

C. 恐ろしいよう

D. 美しく明るく愉快

②

A. あぶら汗

B. 血まめ

C. 震え

D. 涙

※解答は92ページ

B.憎悪

B.錆る

①

D.美しく明るく愉快

②

A.あぶら汗

対義語トレーニング

やり方と注意点

意味が対になる言葉を空欄に書き入れましょう。言葉を関連づけて覚える感覚を磨きながら、アウトプットする力を鍛えることで、速読の力を高めていきます。

問題を解き終わったら、家族や友人と問題を出し合うのもトレーニングになります。できる範囲で楽しみながら取り組みましょう。

なお、答えのマスは、漢字にできるものは漢字で答えてください。

例題

対義語を空欄に書き入れる

上がる↔下がる
乗る↔降りる
安全↔危険
当選↔落選

上がる↔□□□
乗る↔□□□
安全↔□□
当選↔□□

Point

言葉の意味をイメージして、関連づくイメージから対義語をアウトプットしましょう。

理想 ↔ □□

仮説 ↔ □□

敏感 ↔ □□

事実 ↔ □□

事前 ↔ □□

有名 ↔ □□

撤去 ↔ □□

積極 ↔ □□

劣勢 ↔ □□

細かい ↔ □□

※解答は98ページ

本題❷

除外 ↔ □□

生産 ↔ □□

節約 ↔ □□

精算 ↔ □□

困難 ↔ □□

鈍痛 ↔ □□

行使 ↔ □□

個室 ↔ □□□

穏やか ↔ □□

破壊的 ↔ □□□

※解答は98ページ

倹約↔□□

抑制↔□□

売却↔□□

一代↔□□

喪失↔□□

寡黙↔□□

臨時↔□□

自発的↔□□□

オリジナル↔□□□

モダン↔□□□□□

※解答は98ページ

本題④

保守 ↔ □□

義務 ↔ □□

創造 ↔ □□

束の間 ↔ □□

兄貴分 ↔ □□

リスク ↔ □□□□

独り占め ↔ □□□

建売住宅 ↔ □□□□

貸切バス ↔ □□□□

つめこみ教育 ↔ □□□□□

※解答は98ページ

1

理想 ↔ 現実
仮説 ↔ 定説
敏感 ↔ 鈍感
事実 ↔ 虚構
事前 ↔ 事後
有名 ↔ 無名
撤去 ↔ 設置
積極 ↔ 消極
劣勢 ↔ 優勢
細かい ↔ 粗い

2

除外 ↔ 包含
生産 ↔ 消費
節約 ↔ 浪費
精算 ↔ 概算
困難 ↔ 容易
鈍痛 ↔ 激痛
行使 ↔ 放棄
個室 ↔ 大部屋
穏やか ↔ 荒い
破壊的 ↔ 創造的

3

倹約 ↔ 浪費
抑制 ↔ 促進
売却 ↔ 購入
一代 ↔ 永代
喪失 ↔ 獲得
寡黙 ↔ 多弁
臨時 ↔ 定例
自発的 ↔ 強制的
オリジナル ↔ コピー
モダン ↔ クラシック

4

保守 ↔ 革新
義務 ↔ 権利
創造 ↔ 模倣
束の間 ↔ 永久
兄貴分 ↔ 弟分
リスク ↔ リターン
独り占め ↔ 山分け
建売住宅 ↔ 注文住宅
貸切バス ↔ 乗合バス
つめこみ教育 ↔ ゆとり教育

英単語探しトレーニング

やり方と注意点

問題の中にアルファベットがランダムに配置されています。その中から関連する英単語を作る問題です。

例題ではdogから連想される英単語がdogを含めて3つ隠れています。dog/cute/animalの3つを見つけられたら正解です。

英単語は中学校で習うレベルのものばかりです。最初は時間がかかってもいいので、知識を引き出せるように取り組んでみてください。

例題

問題から連想される英単語を考えましょう。
問題と同じ単語も含まれています。

「dog」から連想される英単語3つ

※dogを含む3つの英単語を探しましょう。

c　u　o
d
e
l　a
g　n
i
t　a　m

解答：dog／cute／animal

Point

単語の意味から連想できるイメージを広げつつ、英字を見て英単語を考えてみましょう。

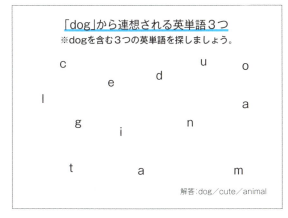

「apple」から連想される英単語３つ

※appleを含む３つの英単語を探しましょう。

f　i

p

a

l

e

r　s

e

t

p

u

d　r

※解答例は104ページ

本題❷

「house」から連想される英単語3つ

※houseを含む3つの英単語を探しましょう。

d

s

o　y

a

h　f

o

i

o　m

r　u

l

e

※解答例は104ページ

「summer」から連想される英単語４つ

※summerを含む４つの英単語を探しましょう。

s
p
e
r
e
a
i
c
v
t
e
l
u
s
f
a
a
m
s
m
m

※解答例は104ページ

本題④

「time」から連想される英単語5つ

※timeを含む5つの英単語を探しましょう。

e t

o c

n

i

g

e

k

c u

g n

i

l

t

l o

n

u

m

r m

o

r

f

※解答例は104ページ

❶

apple / fruits / red

❷

house / door / family

❸

summer / sea / camp / festival

❹

time / clock / morning / long / future

なぞかけトレーニング

やり方と注意点

言葉と言葉の意味をかけ合わせる言葉遊びの「なぞかけ」を利用した問題です。なぞかけの一部が空欄になっているので、他の言葉から共通点を見つけ、知っている言葉を当てはめてみましょう。

私たちは日常生活や読書で多くの言葉と接しています。この問題では、その言葉をアウトプットする力を養います。解答例も掲載していますが、問題の条件に合えば、他の言葉が入っても問題ありません。自分で問題を作ってみるのもいいでしょう。

例題

空欄に当てはまる答えを考えましょう。

「冬に食べるアイス」とかけて
「難しい問題」ととききます。
その心は、
どちらもなかなか「とけない(溶けない、解けない)」でしょう。

Point

知識を関連づけて覚える際のキーワードを見つけ出す力が鍛えられます。

本題❶

「シャワー」とかけて、
「盆踊り」ととききます。
その心は、
「　　　　」が気になります。

本題❷

「温泉」とかけて、
「厳しい審査」ととききます。
その心は、
「　　　　　」が欠かせないでしょう。

※解答例は108ページ

本題❸

「スパイ」とかけて、
「　　」とときます。
その心は、
「かくしごと」が得意でしょう。

本題❹

「高級レストラン」とかけて、
「　　　　　」
とときます。
その心は、
どちらも「おだい」が
気になるでしょう。

※解答例は108ページ

❶

「シャワー」とかけて、
「盆踊り」とときます。
その心は、
「おんど(温度、音頭)」が気になります。

❷

「温泉」とかけて、
「厳しい審査」とときます。
その心は、
「げんせん(源泉、厳選)」が欠かせないでしょう。

❸

「スパイ」とかけて、
「作家」とときます。
その心は、
「かくしごと(書く仕事、隠しごと)」が得意でしょう。
※他に、記者、ライターなど

❹

「高級レストラン」とかけて、
「なぞなぞ」とときます。
その心は、
どちらも「おだい(お代、お題)」が
気になるでしょう。
※他に、出し物、大喜利など

フローチャートトレーニング

やり方と注意点

問題の文章を隣のページのフローチャートに要約する問題です。フローチャートには、要約のヒントになるガイドラインがあるので、それに沿って内容を簡潔にまとめましょう。

この問題では、文章を読んで、体系化しながらイメージする力を鍛えることができます。

問題に慣れるまでは、フローチャートにまとめながら問題文を見返しても構いません。

例題

文章を読んで空欄に書く

この章ではアウトプットする力を鍛える。人は知識を身につけてもアウトプットしなければ忘れてしまう。アウトプットは速読の力を鍛える。

説明

この章ではアウトプットする力を鍛える

↓

背景

知識を身につけてもアウトプットしなければ忘れてしまう

↓

結論

アウトプットは速読の力を鍛える

Point

フローチャートに沿って文章の内容を整理することで、イメージで文章理解する感覚を磨きます。

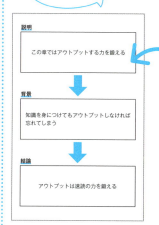

映画において重大なのは何も音楽一つに限つたわけのものではないのだ。音楽家ないしはそのジレッタント諸君が映画をごらんになる場合、ほかのことは何も見ないでもつぱら音楽のあらさがしだけに興味を持たれることは自由であるが、そのあとで、なぜこの監督はその半生を音楽の研究に費さなかつたか、などとむりな駄目を出されることははなはだ迷惑である。

我々がその半生を音楽の教養に費していたら、いまごろはへたな楽士くらいにはなつていたかもしれぬが、決して一人まえの監督はできあがつていないはずである。

我々がもしも映画の綜合するあらゆる部門にわたつて準専門家なみの研鑽を積まなければならぬとしたら、少なく見積つても修業期間に二百年位はかかるのである。

要するに監督という職業は専門的に完成された各部署を動かしながら映画をこしらえて行くだけの仕事である。

映画と音楽『新装版　伊丹万作全集2』伊丹万作（筑摩書房）

※設問は111ページ

設問❶

主張

理由

結論

※解答例は116ページ

本題❷

世間には妖怪があるともいい、ないとも申して、議論が一定しておらぬ。妖怪ありの論者は、なにもかもみな妖怪ときめて、毫《ごう》も疑いを起こさぬ。これに反して妖怪なしの論者は、ただいちずに、神経である、妄覚である、誤伝である、詐偽である、迷信であると速断してしまう。余の考えにては、いずれも極端にして信ずるに足らぬ論と思う。どうしても実際上、十分に探検して後に、その有無を判定せなければならぬ。そこで余は、数十年前より妖怪研究会を設け、現在世間にある妖怪を実地について調査したのである。

すべてむかし話に伝わり、あるいは古き書物にかいてある怪談は、もとより信ずることができぬのみならず、今日調査する手掛かりがないから、それよりも、今日世間に起これる実例について研究する方が確実である。その中に原因の不明なるものも多いが、また明瞭になったのもたくさんある。今、ここに妖怪の有無を判定する前に、原因の分かりたる事実談を集めて、世の中へ紹介しようと思う。

おばけの正体『井上円了　妖怪学全集　第５巻』井上円了（柏書房）

※設問は113ページ

設問❷

問題提起

意見❶

意見❷

結論

※解答例は116ページ

運動の種類については、別にかれこれという必要は認めぬ。ベースボールでも、テニスでも、ボートでも、なんでも差支えは無い。山に登るのも大賛成である。ルーズヴェルト大統領は、険山を登って冒険的旅行をすることが大好きである。我輩も山に登って、その雄大なる自然と接触することを好む。要するに運動はなんでも宜いから、その精神趣意を間違わぬようにして、大いに遣らなければならぬ。世の中に立って大事を為し得るものは、身体の強健なるものに限る。身体の強健を得るには、是非運動でなければならぬ。学校におるものが運動をしたために、学問の進歩にはあるいは多少の遅速を来たすかも知れぬが、それは単に一時の問題であって、最後の月桂冠は、身体の強健にして精力の優越なるものに帰する。これがいわゆる大器晩成である。

運動『大隈重信演説談話集』早稲田大学編（岩波書店）

※設問は115ページ

設問❸

主張

理由

理由の補足

結論

※解答例は116ページ

❶

主張

映画監督にとって音楽に駄目出しをされるのは、迷惑なことだ

↓

理由

音楽の教養を身につけることに時間を費やせば、監督として一人前になれず、膨大な時間がかかる

↓

結論

映画監督の仕事は、各部署を動かしながら映画を作ることだ

❷

問題提起

世間では妖怪がいると言う人・いないと言う人がいて、議論が一定しない

↓

意見❶

妖怪がいると言う人は、なにもかも妖怪のせいにする

↓

意見❷

妖怪がいないと言う人は、迷信であると速断してしまう

↓

結論

実地で調査した妖怪にまつわる実例の中でも、原因がわかる事実談を紹介する

❸

主張

運動はなんでもよいからやるべきだ

↓

理由

身体が強健なものが世の中では成功する

↓

理由の補足

身体の強健さを手に入れるには、運動が必要

↓

結論

運動によって一時的に学問の進歩が遅れても、最後には身体が強健なものが成功する

一問一答・思い出しトレーニング

やり方と注意点

問題文を30秒間読んだ後、該当ページの設問に答えてください。文字を高速かつ幅広く見ることで、瞬間認識力を鍛えます。

この問題はあえて読む時間を制限しています。高速で見て、情報を拾い、アウトプットすることで、最初は30秒で終わらなくても徐々に正解できるようになります。

※問題文・設問は、読みやすくするため旧仮名づかいを現代仮名づかいに変更、原文の送り仮名、改行位置を一部変更しています。あらかじめご了承ください。

例題

問題文を30秒で読んで、
設問に答えましょう。

こんな珍しい話がありますよ。あるホテルであったことですがね。ある晩、そのホテルの帳場へ、築地の吉田という待合から電話が掛かって、「今夜わたしとこのお客がそちらへ行くから、泊めてくれないか。」というんです。………（設問のページを見る）

Point

設問を読んでから問題文を読むより、問題文をザッと見てから設問を読むほうが速く解けます。

　その家はりっぱな家で、オルガンのほかにピアノや蓄音機などがありました。露子は、なにを見ても、まだ名まえすら知らない珍しいものばかりでありました。そしてそのピアノの音を聞いたり、蓄音機に入っている西洋の歌の節など聞きましたとき、これらのものも海を越えて、遠い遠いあちらの国からきたのだろうかと考えたのであります。昔、村の小学校時代にオルガンを見て、懐かしく思ったように、やはり懐かしい、遠い、感じがしたのであります。

　その家には、ちょうど露子の姉さんに当たるくらいのお方がありまして、よく露子をあわれみ、かわいがられましたから、露子は真の姉さんとも思って、つねにお姉さま、お姉さまといって懐きました。

　よく露子は、お姉さまにつれられて、銀座の街を歩きました。そして、そのとき、美しい店の前に立って、ガラス張りの中に幾つも並んでいるオルガンや、ピアノや、マンドリンなどを見ましたとき、

「お姉さま、この楽器は、みんな外国からきましたのですか。」

と問いました。

赤い船『定本小川未明童話全集1』小川未明（講談社）

※設問は121ページ

本題❷

昔、あるところに金持ちがありまして、なんの不自由もなく暮らしていましたが、ふと病気にかかりました。

世間に、その名の聞こえたほどの大金持ちでありましたから、いい医者という医者は、いずれも一度は呼んで、みてもらいました。けれど、どの医者にも、その病気の名がわかりませんばかりでなく、それをなおす見込みすらつきませんでした。そのうちに金持ちはだんだん体が悪くなるばかりでありました。

そのとき、旅からきた上手な占い者がありました。その男は、過去いっさいのことをあてたばかりでなく、未来のこともいっさいを秘術によってあてたのでありました。

金持ちは、せめてもの思い出に、自分の不思議な病気についてみてもらうことにいたしました。占い者は、金持ちの病気を占って、いいますのには、

「こんな病気は、またと世間にあるような病気でない。どこが悪いということなく、だんだん血の気が体からなくなってしまって、そして、ばたりと倒れて死んでしまうのだ。この病気は、どんな名医にかかってもなおらない。ただ一つこの病気のなおる薬がある。それは、めったに獲られるものでないが、金色の魚を食べるとなおってしまう。この魚は、まれに河の中にすんでいるものだ。」と、その占い者はいいました。

金持ちは、金色の魚を食べれば、この病気がなおるということを聞きますと、絶望のうちにかすかな希望を認めたのであります。金はいくらでもあるから、金の力で、この金色の魚を探しだそうと思ったのであります。

そこで、国中に、

「金色の魚を捕らえてくれたものには、千両のお礼をする。」といいふらしたのであります。

金の魚『定本小川未明童話全集1』小川未明（講談社）

※設問は122ページ

風が、山の方から吹いて来ました。学校の先生がお通りになると、街で遊んでいた生徒達が、みんなお辞儀をするように、風が通ると、林に立っている若い梢も、野の草も、みんなお辞儀をするのでした。風は、街の方へも吹いて来ました。それはたいそう面白そうでした。教会の十字塔を吹いたり、煙突の口で鳴ったり、街の角を廻るとき蜻蛉返りをしたりする様子は、とても面白そうで、恰度子供達が「鬼ごっこするもん寄っといで」と言うように、「ダンスをするもん寄っといで」といいながら、風の遊仲間を集めるのでした。

風が面白そうな歌をうたいながら、ダンスをして躍廻るので、干物台のエプロンや、子供の着物もダンスをはじめます。すると木の葉も、枝の端で踊りだす。街に落ちていた煙草の吸殻も、紙屑も空に舞上って踊るのでした。

その時、街を歩いていた幸太郎という子供の帽子が浮かれだして、いつの間にか、幸太郎の頭から飛下りて、ダンスをしながら街を駆けだしました。その帽子には、長いリボンがついていたから、遠くから見るとまるで鳥のように飛ぶのでした。幸太郎は、驚いて、「止れ！」と号令をかけたが、帽子は聞えないふりをして、風とふざけながら、どんどん大通りの方までとんでゆきます。

一生懸命に、幸太郎は追っかけたから、やっとのことで追いついて、帽子のリボンを押えようとすると、またどっと風が吹いてきたので、こんどはまるで輪のようにくるくると廻りながら駆けだしました。

「坊ちゃん、なかなかつかまりませんよ。」

帽子が駆けながらいうのです。

すると、こんどは大通から横町の方へ風が吹きまわしたので、幸太郎の帽子も、風と一しょに、横町へ曲ってしまいました。そしてそこにあったビール樽のかげへかくれました。

風『童話集　春』竹久夢二（小学館）

※設問は123ページ

設問①

本文の内容として正しいものを、次の中からひとつ選んでください。

Ⓐ その家には、オルガンやピアノ、和太鼓があった

Ⓑ 露子がオルガンを見たのは小学校時代だった

Ⓒ 露子は実の姉にかわいがられていた

Ⓓ 露子と姉は築地を歩いていた

※解答は124ページ

設問❷

本文の内容として正しいものを、次の中からひとつ選んでください。

Ⓐ 金持ちは同じ国にいた占い者と出会った

Ⓑ 金持ちは珍しい病気にかかっていると占い者は言った

Ⓒ 海にいる金色の魚を食べるといいと占い者は言った

Ⓓ 金持ちは金色の魚を捕らえた人に家を買い与えると言った

※解答は124ページ

設問③

本文の内容として正しいものを、次の中からひとつ選んでください。

Ⓐ 風は港の方から吹いていた

Ⓑ 風は手拍子をしながら歌い、ダンスを踊った

Ⓒ 幸太郎の手袋が風で飛ばされた

Ⓓ 幸太郎の帽子はビール樽のかげに隠れた

※解答は124ページ

設問①　B　１１８ページ5行目「昔、村の小学校時代にオルガンを見て、懐かしく思ったように」とあります。

設問②　B　１１９ページ11行目「こんな病気は、またと世間にあるような病気でない」とあります。

設問③　D　１２０ページ後ろから1行目に「そしてそこにあったビール樽のかげへかくれました」とあります。

謝辞

問題を解いてみて、いかがでしたでしょうか。本文にも書いたように、反復練習を重ねることで思い出す力を鍛えることができます。一度解いて終わりにするのではなく、ぜひくり返しチャレンジしていただきたいと思います。

最後になりますが、今回の出版にあたって制作に携わってくださった、編集者の大島永理乃さん、尾澤佑紀さん、デザイナーの和全先生、そして営業部の酒井巧さん、大庫具祥さん、牟田悦雄さん、松浦洋平さんに感謝を申し上げます。

また、こうして再び出版の機会をいただくことができたのも、たくさんの方々のおかげです。速読指導を始めるきっかけを作ってくださった師匠の竹井佑介さん、本物の速読普及活動に多大なるお力添えをくださっている関係者のみなさん、国内外の受講生のみなさん、読者のみなさん、そして影ながらメンターとして支えてくださっている青山聡一郎さん、服部遣司さん、日頃から私を支えてくれている家族をはじめ、みなさんに感謝を申し上げます。本書を通じて、ますます多くの方が速読を活用し、ご自身が達成したい自己実現を現実のものにしていただければ嬉しい限りです。

角田和将

参考文献

（順不同）

『記憶力を強くする 最新脳科学が語る記憶のしくみと鍛え方』
池谷祐二著（講談社）

『世界記憶力グランドマスターが教える 脳にまかせる勉強法』
池田義博著（ダイヤモンド社）

『16 万人の脳画像を見てきた脳医学者が教える「脳を本気」にさせる究極の勉強法』瀧靖之著（文響社）

『1 日が 27 時間になる！速読ドリル』角田和将著（総合法令出版）

『頭の回転が 3 倍速くなる！速読トレーニング』
角田和将著（総合法令出版）

『1 日が 27 時間になる！速読ドリル 短期集中編』
角田和将著（総合法令出版）

『夢野久作全集 7』夢野久作著（三一書房）

『注文の多い料理店』宮沢賢治著（新潮社）

『一房の葡萄』有島武郎著（角川書店）

『はつ恋』イワン・ツルゲーネフ著（新潮社）

『山月記』中島敦（新潮社）

『寺田寅彦随筆集　第四巻』小宮豊隆編（岩波文庫）

『語彙力を鍛える 量と質を高めるトレーニング』石黒圭著（光文社）

『新装版　伊丹万作全集２』伊丹万作著（筑摩書房）

『井上円了　妖怪学全集　第５巻』井上円了著（柏書房）

『大隈重信演説談話集』早稲田大学編（岩波書店）

『宮本百合子全集　第十四巻』宮本百合子著（新日本出版社）

『定本小川未明童話全集１』小川未明著（講談社）

『童話集　春』竹久夢二著（小学館）

角田和将　Kazumasa Tsunoda

Ex イントレ協会　代表理事

高校時代、国語の偏差値はどんなにがんばっても 40 台。本を読むことが嫌いだったが、借金を返済するため投資の勉強をはじめる。そこで 500 ページを超える課題図書を読まざるを得ない状況になり、速読をスタート。開始から８か月目に日本速脳速読協会主催の速読甲子園で準優勝、翌月に開催された特別優秀賞決定戦で速読甲子園優勝者を下して優秀賞（１位）を獲得。日本一となり、その後独立。速読を通じて、本を最大限に活かし、時間の量と質を変えることの大切さを教えるため、国内外を飛び回っている。

セミナー講演で実施している体験レクチャーでは医師、パイロット、エンジニアなどの専門職から経営者、会社員、主婦と、幅広い層の指導にあたり、95％以上の高い再現性を実現している。
大企業から学習塾など、様々な分野での研修も実施しており、ビジネス活用、合格率アップなどにつながる速読活用の指導は好評を博している。
教室に通う受講生の読書速度向上の平均レベルは３倍以上で、「１日で 16 冊読めるようになった」、「半月で 30 冊読めるようになった」、「半年間で 500 冊読めるようになった」など、ワンランク上を目指す速読指導も行っている。

著書に、『速読日本一が教える すごい読書術』（ダイヤモンド社）、『１日が 27 時間になる！　速読ドリル』、『遊びながら本を読む習慣が身につく！ ふしぎな読書ドリル』（総合法令出版）をはじめ、速読をはじめるキッカケとなった投資分野でも『「○ pips を狙うなら、どのルールが良いのか」を徹底検証！出口から考える FX』（パンローリング）などがある。

著者ホームページ　https://limixceed.co.jp/blog
速読講座関連サイト　https://intre.co/

1日が27時間になる！
速読ドリル　徹底理解編

2019 年 ２ 月 21 日　初版発行

著　者　角田和将
発行者　野村直克
発行所　総合法令出版株式会社
〒 103-0001　東京都中央区日本橋小伝馬町 15-18
ユニゾ小伝馬町ビル９階
電話 03-5623-5121（代）
印刷・製本　中央精版印刷株式会社

落丁・乱丁本はお取替えいたします。

ISBN 978-4-86280-664-2

総合法令出版ホームページ　http://www.horei.com/